JN096646

改訂版

供述調書作成の実務
刑法犯

小黒和明・高瀬一嘉・佐藤光代・佐藤美由紀
共著

実務法規

改訂版はしがき

本書の発刊以来、様々な法改正がなされていたが、時代も令和へと代わり、平成29年には、性犯罪関係での重要な法改正が行われた（平成29年法律第72号、同年7月13日施行)。そこで、今回の改訂にあたっては、この法改正を踏まえ、新しい構成要件に即した供述調書を作成する際の参考となるよう内容を改めた。

また、侵入盗の項において、侵入時に他の犯罪（器物損壊等）を伴うケースなどを想定した解説を加筆したり、構成要件を正確に把握できるよう条文を記載するなど利便性を図った。

捜査実務に携わる方々の一助となれば、幸甚である。

令和2年1月

著者一同

はしがき

　捜査は、裁判において、適正な事実を認定し、かつ適正な量刑を得ることが最終日標であり、そのためには、まず被疑者を取り調べて真実を供述させることが事件の真相を解明する上で重要である。

　そして、その被疑者の供述を証拠とするためには供述調書を作成して、裁判の場に提出しなければならない。供述調書は、証拠となるものであり、裁判官に読んでもらい、納得してもらえるものでなければ意味がないのであり、供述調書の作成にあたっては、取調官において犯罪の構成要件を正確に把握した上、被疑者の供述をありのままに録取するとともに、犯行の動機、犯意、犯行状況などそれぞれの構成要件に即した要点を的確に押さえた供述調書を作成することが必要である。

　刑法犯の供述調書の作成に関する実務書としては久保哲男先生による「供述調書の作り方」があり広く利用されてきたが、既に初版以来30年余を経過し、この間、多くの判例、裁判例が蓄積されたことなどから、この度新たに本書を刊行することにした。

　本書は、刑法犯の犯罪捜査に当たる第一線の捜査官の実務の参考になるように、事案の概要と該当する法条、取り調べに当たって留意すべき事項について記述し、さらに具体的な供述調書の書き方について解説したものである。もとより、日々生起する事件はそれぞれ個性があり、同一のものはないのであるから、取り調べ及び供述調書の作成にあたっては、具体的な事件に即したものでなければならないことは言うまでもないが、本書が捜査実務の参考となれば望外の喜びである。

平成15年5月

著者一同

目　次

〈総　論〉

供述調書作成上の留意点

〈各 論〉

第1章 公務執行妨害

第2章 住居侵入

第３章　文書偽造

第４章　強制性交等、監護者わいせつ及び監護者性交等

第５章　傷　　害

第6章　窃　　盗

第7章　強　　盗

第8章　詐　　欺

第9章 横 領

第10章　恐　　喝

第11章　盗品等に関する罪

第12章　器物損壊

供述調書作成上の留意点

供述調書作成上の留意点

第1項　作成の目的

1　裁判官に理解してもらう

捜査は、裁判において、適正な事実を認定し、かつ適切な量刑の判決を得ることが最終目標である。

供述調書は、そのための証拠となるものであり、裁判官が読んで納得し、事実認定のために役立てることによって初めて意味があるものである。そこで、当然のことながら供述調書は、最終的に裁判官に読んでもらい、その内容を理解してもらわなければならないのであるから、供述調書を作成する以上は、裁判官が納得できるものでなければ意味がない。捜査官としては意味が分かっていても、読む側の裁判官にはその意味が分からないのでは、せっかく作成した供述調書が無意味になるのであって、捜査官のひとりよがりの調書であってはならない。

たとえば、その地方の特殊な方言や専門的な言葉については、その言葉どおりの記載による供述を録取したほうがよい場合があるが、その場合でも、その意味を分かりやすく説明して補っておくべきである。たとえば、集団スリ事件においては、「突っ込み」「立ち幕」「吸い取り」等の隠語があるが、これらについて調書の中で、

「突っ込みとは，客が窓口に手を差し入れた時に横から手をねじこんで客が手を抜けないようにする役目のことです。」

などと説明をさせておく必要がある。

また、供述調書の内容に信用性がなければ証拠価値がないのであって、被疑者あるいは参考人の供述調書の信用性を高める工夫、被疑者の弁解が虚偽であることを裁判官に理解させるための工夫をすることが必要である。

そのためには、調書の内容自体が自然で合理的であり、裁判官の心証形成に役立つものでなければならない。供述そのものの中に明らかな自己矛盾があったり、論理の飛躍があるのは問題外である。また、例えば刑法177条後段（第4章☞P.55参照）の「13歳未満」であることを認識していたとの知情性について、その根拠が薄弱であると信用性を疑われることもある。これらの場合は、単に、「13歳未満と知っていました。」と記載するだけでなく、なぜ知ったのかというその根拠となる事情についても詳細に録取しておくべきである。

もっとも、犯人の異常な性格や犯罪前後の特殊な状況などから通常人には理解し難いような犯人の心理や言動がみられることはよくあることであり、このような犯人の心理等について、通常人の心理に近いものに置き換えたり、解釈を加えるなどして供述内容をゆがめてはならない。そのような場合は、犯人の生々しいありのままの心理・言動等を録取し、それが犯人の異常な性格等によるものであるということを浮き彫りにして裁判官に理解させるような、全体としての供述の自然さや合理性が重要である。

2　有利不利を問わず、ありのままに録取して信用性を高める

調書は、被疑者に不利な事実のみを盛り込めばいいというものではない。被疑者にとって有利な弁解等で真実と思われるものは、それを記載すべきである。そのことが、捜査官は、有利不利を問わず、被疑者の供述をありのまま録取したものとして、公判において、供述調書の信用性を高めることにもなる。

一方、被疑者が、虚偽の供述をしたり、いろいろと弁解をして、犯行を否認している場合には、その内容を問答形式によって録取することも有効である。

これらの供述については、平板的に録取をするのではなく、その供述の内容自体の不合理性や不自然性、客観的証拠ないし事実との矛盾点、従来の弁解との変遷についての理由の不自然さなどについて、いろいろな角度から問いを発し、それに対する答えをありのまま録取することにより、被疑者が明らかに嘘をついていること、その弁解が支離滅裂であることなどを浮き彫りにして裁判官にそのことを印象づける必要がある。

被疑者が、公判において、悪知恵を出して新たな弁解をした場合、捜査段階の調書が平板的であると「当時思い違いをしていた。」などという弁解を許すことになるが、このように、問答式で、供述内容の不合理性等について浮き彫りにした調書が作成されていれば、新たな弁解は出しにくくなる上、新たな弁解をしても「当時、捜査官からその点を明確に指摘されて、はっきりと答えているではないか。」などと弾劾することができるのである。

第2項　良い調書

「**良い調書**」とは、いかなるものか。いちがいにいうのは困難であるが、供述調書の信用性が否定されて無罪となった事実を検討してみると、調書の信用性が否定された理由として、次のようなものが多い。

① 供述内容の重要な部分が、明らかに客観的証拠と矛盾し、単なる記憶違いなどという理由によっては、合理的説明が困難である場合。

・例えば、自供にかかる殺害方法によっては死体に見られる受傷が生じるとは考え難いなど。

② 被疑者なら当然経験し、記憶しているはずの重要な事実についての

供述が欠落している場合。

・例えば、犯行後の凶器の処分方法についての説明がないなど。

③　本人の記憶力や時間の経過等からして、余りに供述内容が詳細で明確過ぎるため、捜査官の誘導によるものと疑われる場合。

④　他の共犯者等関係人の供述と、文章・表現等がほとんど同一であり、画一的である場合。

⑤　供述内容に変遷があるのに、その合理的な理由が説明できない場合。

・特に、否認から自白に転じた場合や重要な事実関係について、供述が二転三転している場合など。

その反面、「**良い調書**」とは、これらの問題点がなく、供述内容が自然であり、心証形成に役立つ調書である。外形的事実のみならず、当事者でしか話し得ないような心理描写にも意を用いて録取された供述調書がその一例である。

なお、調書は「**記憶した事実**」を録取するものであり、抽象的評価ないし説明を記載するものではない。

「甲が屋内に入って盗みをしているあいだ，私は外で見張りをしていました。」

旨の「見張り」は評価の表現にすぎないのであって、事実ではない。何をしたのかを具体的に録取してこそ公判での立証に役に立つのである。

第３項　その他の注意点

1　ワープロ調書について

最近では、ワープロ・パソコン調書が多くなっているが、ワープロ等でいかにきれいな調書を作成してもその内容に信用性がなければ何にもならない。いかに調書のスタイルがきれいでも、内容が浅薄ではダメである。他人のワープロ調書のデータを利用して、部分的に修正したにすぎない調書などは言語同断であって、決して行ってはならないことである。決して、見かけのきれいさのみにとらわれ、ワープロ調書の作成に拘泥すべきではなく、あくまで調書の内容で勝負すべきことを忘れてはならない。

2 供述者の特性を考慮した調書について

供述調書は、本人の「供述書」そのものとは異なり、一言一句本人の話し言葉どおりに機械的に再現するものではなく、捜査官が取り調べた内容を「**録取**」するものであるが、その録取に当たっては、「**できる限り本人の話し言葉を活かして、その人の年齢、知能程度、地位、職業等に応じた自然な表現による供述を録取すべきである。**」

また一般に、人間の記憶の程度や濃淡には差があるのが通常である。その人の年齢や知能程度などによる記憶力の差はもとよりであるが、その事件が起きた時期が最近のことであるのか、相当以前のことであるのか、その事柄が印象に残りやすい特異なものであるのか、平凡な日常的なものにすぎないのか、その人がその事柄に特に関心を持っていたのか、何気なく見聞きしたにすぎないのかなどによっても、大きな差が生じ得る。

記憶の程度は、明確な記憶からうすら覚えにすぎないものに至るまで、相当な幅がある。当時の他の事情についてはほとんど覚えていない者が、ある事柄についてのみ断言的な記憶として供述しているとか、高齢で記憶力が衰えている老人が、かなり以前の事件について犯行状況や被害状況を細部まで具体的・明確に記憶していることはむしろまれであろう。そのような場合、理詰めや事後的な推理を交えて、無理して外見上詳細な調書を作成してもその信用性は乏しい。

3 主観面の録取の必要性について

「**客観的証拠による裏付けが容易でない動機、犯意、共謀などについては、**

心理描写を含めて克明に録取する必要がある。」

犯行の動機、犯意、共謀などについては、客観的証拠による裏付けが困難なため、供述による立証に頼らざるを得ない場合が多いので、その供述の信用性の確保には、特に配慮が必要である。「**犯行の動機**」は複雑な人間心理を反映して千差万別であり、また幾つかの動機が併存したり絡みあったりしている場合が多い。「**犯意**」についても、「確定的故意」、「未必の故意」の区別はもとより、犯意が生じた後、迷いが生じていったんそれを失ったり、犯行途中に気持ちが萎えたり、逆に開き直りの心境になったり様々な態様がある。

このような複雑な人間心理を洞察して、被疑者から、犯行当時の生々しい心理状態を聞き出し、克明に録取することが必要である。

また、「**共謀**」についても、その態様には積極的に主導的な立場で関与する場合から、自分だけ逃げるわけにいかずいやいや犯行に加わる者までいろいろなものがある。その状況を、具体的事案に応じ、被疑者の心理描写も含めて詳細に録取しておくべきである。

4　供述調書の中には、できる限り「情状に関する具体的事実と心情」を織り込む必要がある。

捜査の遂行中は、犯罪事実の立証が主眼となる余り、情状面の捜査が、おろそかになりやすい。しかし、適正な量刑を得るためには情状面をなおざりにできないことは言うまでもなく、情状事実は、犯罪事実と同様に極めて重要な意味をも持つ。

「被害者等の調書」には、単に物理的な被害事実のみでなく、それによって実際にどのような生活上の支障が生じたのか、どのような精神的な苦痛を被ったのか、これらについての被害感情等を具体的に記載すべきである。

また、「被疑者の調書」についても、単に犯行状況のみならず、常習性の有無、犯行の動機、計画性、犯意の内容・程度、犯行の残忍さ、執拗さ、犯行後の行動、被害弁償ないしその意思・努力の有無と程度、今後の見通し等について、十分に録取すべきである。

これらの点についても、被疑者の言いなりの調書をとるのではなく、犯罪事実についてと同様、不合理な弁解については、問答式で録取するなどの工夫をすべきである。

要するに、公判において、被告人や弁護人が、情状面についてどのような弁解なり主張をしてくるかということを想定した上で、調書を作成すべきである。

5　否認から自白に転じたり、供述内容に変遷があった場合、なぜ供述が変わったか、必ずその理由を誰もが納得するように説明させて録取する必要がある。

否認から自白に転じた場合には、それが、反省悔悟によるものか、隠し通せないと観念したからか、これまでかばっていた共犯者が捕まったのでかばう必要がなくなったからか、家族が失望することが心配で自白する勇気が出なかったがその点の気持ちの整理がついたからか、などの理由について具体的に納得できるような事情を説明させて録取する必要がある。この説明がないまま、突然に否認から自白に転じていると、公判において、捜査官から脅されたとか、利益誘導をされたなどと弁解されることになる。

また、被疑者であれ参考人であれ供述内容に変遷がある場合、それが記憶違いであり、手掛かりを与えられるなどして記憶が喚起されたことによるのか、これまで一部嘘をついていたり隠していた部分があったためか、嘘をついていた訳は何かなどの変遷の理由について合理的な説明をさせておく必要がある。

これらの自白や供述の変遷の理由は、新たな供述調書に記載するのが通常であるが、例えば、ある時期から全面自白に転じ、新たに詳細な自白調書を作成するような場合、公判においては、否認の段階の調書を証拠請求しないこともあり得るので、そのような場合には、自白に転じた理由を、別調書に作成しておくことも考慮すべきである。

6 その他

1　調書は、長文を避け、簡潔・平易な表現で録取することが肝要である。

2　取調官が、被疑者等に犯行場所について図面を作成させたり、上申書等を作成させたりする場合がある。このような図面や供述内容に誤りがあった場合、それは、被疑者等自身が作成したものであるから、捜査官が誤字や脱字の訂正を自ら行う必要はない。もちろん、捜査官の面前で作成する場合に、その場で明白な誤記等を指摘してやり、それによって被疑者等が自ら訂正する場合は別である。

3　調書が左横書きとなったが、この場合の数字の表記は、特別の場合を除き、アラビア数字を使用するのが相当である。

なお、億単位、万単位の場合は、億・万を漢字で書くが、千・百については、数字のみで記載する。たとえば、

「10億2,000万5,000円」

である。この場合、大きな数字のときは、「2,000」のように3けたごとにコンマ（,）で区切る。

ただし、数量的概念ではない一般的な言葉や固有名詞など、たとえば「一般に」、「一部分」、「一間（ひとま）」、「数十年」、「十数人」、「三国志」などは、漢数字を使用する。

第１章　公務執行妨害

1　事案の概要

１　被疑事実の要旨

被疑者は，令和〇〇年１２月２５日午前２時３０分ころ，東京都千代田区〇〇丁目〇番〇号先〇〇公園において，警ら中の警視庁〇〇警察署勤務の巡査山川乙男から挙動不審者として職務質問を受けるや，その顔面を右手拳で１回殴打するなどの暴行を加え，もって，同巡査の職務の執行を妨害したものである。

２　該当法条

刑法第95条第1項

（公務執行妨害及び職務強要）

第95条　公務員が職務を執行するに当たり、これに対して暴行又は脅迫を加えた者は、3年以下の懲役若しくは禁錮又は50万円以下の罰金に処する。

2　公務員に、ある処分をさせ、若しくはさせないため、又はその職を辞させるために、暴行又は脅迫を加えた者も、前項と同様とする。

2 取調べるべき事項

1　相手が公務員であり、職務の執行中であることの認識

本罪は、「公務員が職務を執行する際、これに対し、暴行・脅迫を加えることにより成立する」**故意犯**である。その為、相手が公務員であり、その職務の執行の際、これに対し暴行・脅迫を加えることを認識する必要があるので、この点を必ず取り調べる必要がある。相手が、公務員であること、職務の執行中であることの認識を、認識した根拠となる事実とともに詳細に録取する必要がある。

公務執行妨害が成立するためには、「暴行」・「脅迫」を加えられた「**公務員の執行している職務が適法であること**」を要するので、「**その認識があること**」も録取すべきである。

2　「暴行」・「脅迫」

公務執行妨害の「**暴行**」は、公務員の身体に直接加えられる必要はなく、間接暴行、すなわち、公務員が持っている書類を奪う、机の上の書類を投げ捨てる、押収物をその面前で叩き割るなどの公務員に対する暴行と評価される物や人に対する暴行も本件にいう暴行である。公務員に対する暴行と評価し得るかどうかを判断できるだけの具体的な状況を詳細に聴取する必要がある。

なお、直接暴行においても、通常の暴行・傷害罪の被疑者と同様に暴行の具体的な状況を録取する必要があることはいうまでもない。

3 供述調書の書き方

本　籍　○○県○○市○丁目○番地

住　居　不定

職　業　無職　　　　　　　　　　電話　　　　局　　　　番

氏　名　甲野太郎

平成○○年１２月１１日生（○○歳）

上記の者に対する公務執行妨害被疑事件につき，令和○○年１２月２８日警視庁○○警察署において，本職は，あらかじめ被疑者に対し，自己の意思に反して供述をする必要がない旨を告げて取り調べたところ，任意次のとおり供述した。

１　私は，本年１２月２５日午前２時３０分ころ，千代田区内の○○公園において，制服をきたお巡りさんに対し，その顔を右手のげんこつで１回殴ったことは間違いありません。

①制服を着ていたので，お巡りさんであることは分かっていましたし，お巡りさんが私のことを不審に思って，質問してきたことは分かっていました。

２　私は，２，３月前家出をして，お金がなかったことから，○○公園で野宿をしていました。

【注意事項】

☞①　相手が公務員であり、職務の執行中であることの認識を録取したものである。

そして，お巡りさんを殴る１時間くらい前に，野宿をしている仲間とけんかして殴られ，顔から血が出ました。

お巡りさんから，質問されたとき，その血が服に付いていました。

私は，野宿仲間とけんかをした後，○○公園のベンチに座っていたのです。

３　しばらくすると，私のところに制服を着たお巡りさんが来たのです。

警察官の制服を着ていたので，お巡りさんであることは直ぐわかりました。

お巡りさんは，私に

もしもし，何をしているのですか。

服に血がついてるけど，どうしたのですか。

と尋ねてきたのです。

②お巡りさんは，真夜中の公園のベンチに私が座っているし，私の服に血がついているのを見て，不審に思い，私に質問してきたのが分かりました。

私は，お巡りさんが，私のことを不審に思って，質問してきたことは分かりましたが，けんかした後で気が立っていましたし，お巡りなんかに話すことはないと思い，

【注意事項】

☞②　本件では、職務質問が適法であることを認識していたことの供述を録取したものである。

何もしていない。

ほっといてくれ。

と言って，ベンチを立ち上がり，その場から離れようとしました。

③
すると，お巡りさんは，私の前に来て，

血が付いているじゃないですか。

なにがあったのですか。

としつこく聞くので，私は，つい頭にきて

なんでもないと言っているだろ。お巡りなんかに用はない。

と怒鳴り付けて，お巡りさんの制服の胸倉を左手で掴み，右手のげんこつで，お巡りさんの顔を１回殴り④ました。

ボクシングのストレートパンチのようにして殴り付けました。

力はそれほど入れていないつもりでしたが，お巡りさんは，

痛い。なにするんだ。

と言って，私の掴んでいる左手をふりほどきました。

そして，私に対し

公務執行妨害で逮捕する

と言って，私を捕まえようとしたので，私は，走って逃げようとしたのですが，捕まってしまいました。

【注意事項】

☞③　職務質問自体が適法に行われたことを、具体的な会話等の状況から録取したものである。

☞④　暴行の具体的な状況を録取したものである。

4　以上のとおり，私が，制服を着たお巡りさんから質問された際，お巡りさんが仕事で私に事情を聞こうとしたことが分かりながら，そのお巡りさんに乱暴したことは間違いありません。

⑤なお，私は，逮捕されたとき，顔に怪我をしていましたが，これは，野宿仲間とけんかをしたときできた傷です。

お巡りさんからは乱暴されていません。

甲野太郎　㊞（指印）

上記のとおり録取して読み聞かせたところ，誤りのないことを申し立て署名指印した。

前同日

警視庁○○警察署

司法警察員　巡査部長　　○○○○○㊞

【注意事項】

☞⑤　被疑者が怪我をしている場合、警察官に暴行を受けた旨強弁することが多いので、怪我の生成過程を録取するとともに、職務の執行に違法性がないことを明らかにしたものである。

第2章　住居侵入

〔前注〕

1 解　説

住居侵入罪（130条☞P.23参照）の「**保護法益**」は、住居における私生活の平穏である。

住居侵入罪の「**客体**」は、人の住居、または人の看守する邸宅、建造物、艦船である。したがって、それ以外の場所に立ち入ることは本罪を構成しない。

「**住居**」というのは、人がそこで寝起きしたり、食事をしたり、生活の一部または全部を過ごすために占有して使用している場所をいう。占有して使用している期間は一時的でもよいから、宿泊したホテル、旅館の一室も住居である。また、建造物を住居として使っている場合は、その囲繞地も住居の一部であるというのが判例である。

「**囲繞地**」（いにょうち・いじょうち）というのは、その家の庭のように石垣や塀などで囲まれて他の土地と区別が明らかにされている場所をいう。したがって、他人の住宅の前庭に忍び込んでも住居侵入になる。

「**邸宅**」というのは、住居に使用する目的で作られた建物であって、現実に住居に使用されていないものをいう。別荘、空家などがこれに当たる。邸宅の囲繞地も邸宅の一部とされている。

「**住宅、邸宅以外の建造物**」というのは、工場、事務所、官公署の建物のように、屋根があって、それが壁または柱で支えられ、少なくともその中に人が出入りできるものをいう。住宅と同様、その囲繞地を含むというのが判例（昭和25・9・27刑集4・9・1783）である。したがって、官公署の前庭に夜間ひそかに忍び込んでも建造物侵入罪を構成する。

「**艦船**」とは、軍艦と船舶のことをいう。その大小を問わない。

「**人の看守する**」というのは、犯人以外の人が事実上の管理、支配をしていることをいう。すなわち、みだりに他人が出入りできないように人に監視させたり、鍵をかけたりしていることをいう。その内部を現に利用していることを必要としないが、いつでも利用できる状態においてあることは必要である。

正当な理由があれば、もちろん住居侵入罪は成立しない。「**正当な理由**」というのは、令状にもとづいて押収、捜索、検証を行なう場合などがこれに当たる。しかし、賃貸借を解除された賃借人の家に家主が明渡しを迫って侵入するのは、正当な理由があるとはいえないというのが判例である。正当な理由のない典型的な例としては、窃盗目的（第6章☞P.72参照）、強盗目的、強姦または強制わいせつ目的侵入（☞P.29参照）などである。

「**侵入**」というのは、所有者、管理者、または看守者の意思に反して入ることである。ひそかに入る必要はない。また、身体の全部が入らなくても一部が入ればよい。承諾に基づいて入る場合は侵入ではないが、承諾が真意に出たものでない場合、承諾の限度を越えた場合は侵入になる。したがって、強盗が訪問客を装って「今晩は」と呼びかけたのに対して、家人が「どうぞお入りください」と言ったので、家の中に入った場合にも住居侵入になり、玄関まで入ることを許された者が座敷まで入ることも、一定の時間中客の出入りに開放されている飲食店の営業時間中でも、飲食のためではなく、暴行の目的で入れば建造物侵入になる。

住居侵入罪は、構成要件が単純なだけに、軽く考えがちであるが、窃盗目的などのように不法目的がはっきりしている場合を除いては、それ相応の理由があるので、この点についての真相をしっかり把握しておかないと後で思いがけない証拠が出て、事件が崩れることになりかねないので、つぎの点に留意して捜査しておく必要がある。

1　客　体

① 住居、邸宅、建造物、またはその囲繞地、もしくは艦船であること

② 邸宅、建造物、およびその囲繞地、もしくは艦船である場合は、看守者があること

③ 看守者が特定していること

2　故なく侵入

① 侵入の原因、動機、および侵入目的

② 侵入の場所（検証または実況見分によつて明らかにする）

③ 侵入口の状況（施錠の有無、開閉の状況）

④ 侵入の方法、態様、侵入器具使用の有無

⑤ 侵入場所の管理、看守の具体的状況

⑥ 支配権者の承諾、または推定的承諾の有無

⑦ 侵入する権利の有無

※侵入目的、不退去理由の検討

侵入目的や不退去の理由の正当性を検討しておく必要がある。すなわち、正当な理由があるときは、犯罪にならないから、侵入目的の違法性、不退去理由の違法性の有無を他の証拠と照合して十分検討することを怠ってはならない。

3　故意のあることについての認識

みだりに立ち入ってはならない旨の立札や貼り札によって意思表示がしてあっても、犯人がこれを知らなかったとき犯罪を構成しない場合もある

から、これに気付いていたかどうか調べる必要がある。また、不退去の場合、犯人が退去要求の認識を否定すると客観的な状況証拠によってこれを立証しなければならないから、後日否認されてもよい程度の具体的な認識状況を供述調書に録取しておくことが肝要である。

４　侵入方法・不退去の具体的状況の特定

侵入の方法、不退去の具体的状況は、検証の結果、または実況見分の結果と対比しつつ具体的に録取する必要がある。被疑者の供述と検証または実況見分の結果が符号しない場合は、その供述の信用性には問題があることとなる。

第１項　住居侵入──野宿目的

1　事案の概要

１　被疑事実の要旨

被疑者は，令和○○年２月５日午後１１時ころ，正当な理由がないのに，山川乙男が看守する葛飾区○○町○○番地所在の５階建てマンション「葛飾ハイツ」内に侵入したものである。

２　該当法条

刑法130条前段

（住居侵入等）

第130条　正当な理由がないのに、人の住居若しくは人の看守する邸宅、建造物若しくは艦船に侵入し、又は要求を受けたにもかかわらずこれらの場所から退去しなかった者は、3年以下の懲役又は10万円以下の罰金に処する。

第131条　削除

（未遂罪）

第132条　第130条の罪の未遂は、罰する。

2　取調べるべき事項

１　侵入の目的

本罪は、**「正当な理由がないのに」**住居等に侵入することにより成立するものであり、適法な立ち入りを除くのであるから、立ち入りの目的が何であるかを詳細に録取する必要がある。

2　客　体

本罪の、住居の事実上の平穏、邸宅・建造物利用の事実上の平穏という保護法益から、本罪の客体である**「人の住居、または人の看守する邸宅、建造物、艦船」**に該当するか否かを判断する必要があり、また、被疑者の故意にも関する事柄であることから詳細な認識を聴取する必要がある。

3　侵入態様

「侵入」とは、居住者等の意思に反して立ち入ることであり、これを明らかにするために、侵入目的はもちろんのこと、侵入時刻、侵入箇所、侵入方法等をできる限り具体的に記載する必要がある。

なお、マンション等の階段通路や屋上は、同マンション内の居室と一体をなしており、人の住居に該当するものである。

3 供述調書の書き方

本　籍　○○県○○市○丁目○番○号

住　居　不定

職　業　無職

氏　名　甲野太郎

昭和○○年７月１５日生（○○歳）

上記の者に対する住居侵入被疑事件につき，令和○○年２月８日警視庁○○警察署において，本職は，あらかじめ被疑者に対し，自己の意思に反して供述をする必要がない旨を告げて取り調べたところ，任意次のとおり供述した。

１　私には，住居侵入などの前科が５犯あります。

住居侵入の前科の内容は，個人の家に盗みをするために入ったものや寝る場所がなかったことからマンションの階段の踊り場に入ったものなどです。

２　私が，２月５日午後１１時ころ，葛飾区内の葛飾ハイツという名前のマンションに入って，一番上の踊り場で寝ていたところ，住居侵入罪で逮捕されましたが，その事実は間違いありません。

私はいわゆるホームレスで，公園などで野宿をして暮らしていますが，その日はとても寒くて雨も降っていたので，そのマンションに入って寝ていたのでした。

①人が住んでいるマンションでは，その階段や踊り場などに入っても住居

【注意事項】

☞①　違法性の認識があることを示すものである。

侵入になることは，これまで同じことをして捕まって裁判になっていますので，よく知っていました。

３　私は②，昭和５３年に高校を出て，左官工をして働き，一度は結婚もしたこともあったのですが，競馬に懲り，ギャンブルばかりしていたため，サラ金などからの借金が重なり，５００万円くらいになってしまいました。

それで，私が４０歳のころ，妻は愛想をつかして出ていってしまいましたし，借金の取り立てが厳しくなってきたので，私は，仕事をやめ，住まいからも逃げ出して，ホームレスになってしまったのでした。

その後は，公園や河原などで野宿をして生活し，年に数回，建設現場の手伝いの仕事をするくらいで，働いてはいませんでした。

その間に，住居侵入などの事件を起こしていたのです。

そして，ここ３か月ばかりは，葛飾の○○公園に住み着いていました。

４　今回葛飾ハイツに入った事件を起こしたときも，○○公園で野宿をしていました。

雨には降られるし，とても寒かったので，とても寝られる状態ではありませんでした。

それで，少しでも，暖かく眠れる場所がないかと思って，葛飾ハイムの５階踊り場に行き，そこで寝ていたのでした。

【注意事項】

☞②　情状に関する事項であり、ホームレスになったことに同情の余地がないことを録取したものである。

③このようなマンションの踊り場で寝ることなど許されるものではないことはわかっていましたが，私は，夜遅かったので見つかる心配はないと思ってマンションにはいったのでした。

葛飾ハイム④は，私が野宿していた○○公園の近くで，夜になると明かりがつきますし，家族連れなどが出入りしているのを見ていましたから，人が住んでいることは当然ながら分かっていました。

このような建物に，たとえ階段や踊り場であっても，私のような用のないものが入ったら処罰されることは分かっていましたが，あまりにも寒かったので，辛抱できなくて，今回入ってしまったのでした。

5　⑤そのマンションの１階の入口にはドアはありましたが，鍵はかかっていませんでした。

私は，午後１１時ころになって，この時間なら，誰にも見られずに中にはいることができると思って，ドアを開けて中に入りました。

そして，一番上の階まで上がったのです。

階段を使って５階まで行きましたが，まだ上に階段が続いていたので，上がったところ，屋上に出るドアがありました。

【注意事項】

☞③　正当な事由がないこと及びその認識があることを明確にしたものでる。

☞④　当該マンションの住居性の認識があることの録取である。

☞⑤　侵入の態様に関する録取である。ただし、マンション玄関を入ったとき、あるいは階段を上っていくときに「人に出会わないよう注意した。そのためにどのような行動をとったか」等について録取すべきであり、この調書ではこの点が不足している。

こんな時間なら屋上にあがってくる人はいないと思い，ここならゆっくり休めると思ったので，その踊り場で横になっていたのです。

６　ところが，３０分くらいした午後１１時３０分ころになって，マンションの人らしい人が上がってきて見つかってしまったのです。

その人は，私を見て

こんな所で何をしているんだ

というので，私は

このマンションにいる友達を待っているんだ

と，口から出まかせをいったところ，その人は階段を下りて行ってしまいました。

しかし，私が汚い格好をしていたことから，信用してもらえなかったようで，警察官を呼ばれてしまい，私は捕まってしまったのでした。

７　以上のとおり，私は，きちんとした理由がなく，そこで寝ようと思って，葛飾ハイツに入ったことは間違いありません。

甲野太郎　㊞（指印）

以上のとおり録取して読み聞かせたところ，誤りのないことを申し立て署名指印した。

前　同　日

警視庁○○警察署

司法警察員　巡査部長　○○○○○㊞

第２項　住居侵入――わいせつ目的

1　事案の概要

１　被疑事実の要旨

被疑者は，隣家に住む女性に強いてわいせつな行為をする目的で，令和〇〇年８月１７日午後９時２０分ころ，さいたま市〇〇町〇丁目〇〇番〇〇号山川乙男方に，無施錠の北側高窓から侵入したものである。

２　該当法条

刑法第130条前段（条文☞P.23参照）。

176条、177条、180条は、「第4章 強制性交等、監護者わいせつ及び監護者性交等」☞P.55参照。

2　取調べるべき事項

前記1解説☞P.19・2P.23参照。

強制わいせつ罪（176条)、強制性交等罪（177条）については、「第4章 強制性交等、監護者わいせつ及び監護者性交等」の解説☞P.57参照。

３　供述調書の書き方

本　籍　○○県○○市○丁目○番○号

住　居　同県

職　業　土工　　　　　　　　　　電話　　　　局　　　　番

氏　名　甲野太郎

昭和○○年○月○日生（４５歳）

上記の者に対する住居侵入被疑事件につき，令和○○年○月○日○○警察署において，本職は，あらかじめ被疑者に対し，自己の意思に反して供述をする必要がない旨を告げて取り調べたところ，任意次のとおり供述した。

１　今年の８月１７日夜９時２０分ころ，私の住居の隣の部屋である山川さんの奥さんの胸や陰部を触るなどのいやらしいことをしようと思って，隣の部屋の窓から部屋の中に入ったことについてお話しします。

２　私は，①平成△年ころから建築機械のリース会社を経営していましたが，平成□年暮れころから仕事がうまくいかなくなりました。

会社がうまくいかないことが原因で私もいらいらして，掃除の仕方が悪いとか私が帰った時に寝ていたなどという些細なことで妻に文句を言い，妻との間で口げんかが絶えなくなり，私は，なげやりな気持ちになって，建築業界によくいる，ごり押しで仕事を取る入れ墨を入れた人達と同じに

【注意事項】

☞①　本件と関連性がある場合には、本件までの被疑者の生活状況、心理状態等について明らかにする

なってやれという気持ちで，右胸から腕にかけて般若，左胸から腕にかけて龍の入れ墨を入れました。

この入れ墨の事で妻は私に文句を言うようになり，私は毎日酒を飲んで，度々妻に暴力を振るったりもするようになりましたし，離婚の話も出るようになりました。

また，私は，２，３年前に交通事故にあって首を打ち，首の軟骨が潰れ，頭痛等の神経症状が出る後遺症から，しばらく仕事ができなくなって，会社の資金繰りがさらに悪化してしまったことから，自殺したい気持ちになったり，いらいらしたり眠れなかったりしたので，○○医大医療センターの精神科と整形外科に通院するようになりました。

私は②，この病院で，先生から，抑鬱性の何とかという病気だと言われ，現在も，この病院に通院して，精神科で精神安定剤をもらっていますが，今までに，自分のやっていることがわからなくなったり，幻覚，幻聴はありませんし，日常生活には特に不都合はありません。

私は，平成□年末ころ，債権の取立に人が来るようになったら，相手を脅したり，どこかに縛り付けて逃げるのに使うつもりで，手錠と特殊警棒等を買いましたが，実際には取立の催促が電話ばかりだったので，使ったことはありませんでした。

【注意事項】

☞② 被疑者に精神科への通院歴、投薬歴がある場合には、本件との関係で、責任能力に問題がないことを明確にしておく必要がある。

３　私は③，去年の８月ころ，隣の山川さんの奥さんとエレベーターの乗り降りですれ違い，５階には私と山川さんの家の他，人が住んでいる部屋はないので，山川さんの奥さんだと思い，顔がかわいくて結構好みのタイプの奥さんだと思いました。

４　その後の今年初めころ，私の経営していた会社が倒産し，負債約２億円が残りました。

私は，会社が倒産した今年の初めころから，妻と完全にうまくいかなくなり，肉体関係もなくなりました。

しかし，私は，他の女性とも付き合わず，風俗店にも行かず，性的な欲求のはけ口は自慰行為くらいしかありませんでしたので，性的に欲求不満の状態でした。

５　ところで，妻は，今年の８月１３日ころ，子供を連れてお盆で実家に帰ったのです。８月１７日は④，私は，自宅で，午後１時ころから１人で，ビール５００ミリリットル缶２本，焼酎の麦茶割を大きめのコップに７，８杯，ウイスキーをロックで同じコップに２，３杯飲みました。

また，この時，私は，通院している精神科でもらっている精神安定剤と睡眠薬も１回分ずつ飲みました。

【注意事項】

☞③　被害者との関係（同人を知るに至った経緯、同人に対しどのような感情を抱いていたかなど）を具体的かつ詳細に記載する。

☞④　本件当日の行動、心理状態、犯行に至る経緯等につき、具体的かつ詳細に記載する。

しかし，私は酒には強く，ビールならいくらでも飲めますし，焼酎の麦茶割は毎日７，８杯飲んでいて，飲もうと思えばもっと飲めますし，ウイスキーも７５０ミリリットルの瓶１本くらいは１回で飲めますし，薬もいつも飲んでいるものですので，この日も，気持ちいい程度に飲んだという感じで，自分のやっていることはわかり，ちゃんと歩けましたし，ろれつが回らないということもありませんでした。

私が飲んでいる途中で妻が私に電話して来て，私に

もう家には帰らない

別れる

あなたにはもう付いて行けない

あなたがいない時に，荷物は持って行く

あなたは所詮やくざみたいな人間だから

と言い，私はこの電話で妻と口論しました。

6　私は，⑤飲んでいるうちに

私は借金を抱えて，妻が出て行ってしまった。山川さんの奥さんの胸に触ったり，陰部に指を入れたりして嫌らしいことをして，うさを晴らしてやろう

【注意事項】

☞⑤　侵入目的、侵入後どのような行動を取ることを想定していたのかにつき、具体的かつ詳細に録取することにより、侵入に正当な理由がないことを明らかにする。

と考えました。

私は，この時，妻とは全然性格が合わないと感じていたものの，妻がいる以上他の女性とセックスしてはならないという気持ちはありましたので，山川さんの奥さんとセックスまでしようという気持ちはありませんでした。

私は，

奥さんはきっと抵抗するだろうから，家にある手錠や特殊警棒，ナイフを持って行って，それを使って奥さんを脅して，おとなしくさせ，無理矢理身体に触ってやろう

と思いました。

⑥
問　身体に触ってやろうと思っていたというのは，具体的にはどんなことをしようと思っていたのですか。

答　先ほども言ったように⑦，胸を触ったり，陰部に指を入れたりしようと思っていました。

問　手錠と特殊警棒やナイフをどのように使って相手をおとなしくさせるつもりだったのですか。

【注意事項】

☞⑥　以下の問答は、侵入目的が176条（強制わいせつが目的）なのか、177条（強制性交等が目的）などほかの目的がないかを確認するための発問。

☞⑦　直前の相手の言葉が抽象的になっているので、その意味を確認するための発問。

答　警棒やナイフを見せて脅かし⑧，手錠をかけて抵抗できなくさせるつもりでした。

問　手錠で相手の自由を奪うのに，陰茎を相手の口に入れたり，セックスすることは考えていなかったというのですか。

答　その時は，相手の身体を触ってみたいとしか考えていませんでした。

7　私は，手錠とその鍵をズボンの右前ポケットに入れ，特殊警棒はケースにベルト通しが付いているので，ズボンのベルトの右側のところへ付け，ナイフを左胸ポケットに入れて指紋が付かないように両手に軍手をはめ，はっきり顔や髪型がわからないようにするためと，前髪が落ちて来ないようにするために黒い帽子をかぶって，夜９時２０分ころ，サンダルを履いて，家から出ました。

私は⑨，玄関の前の通路の手すりに登り，手すりの上の目隠しの上の隙間の部分に掴まって，手すりの上，目隠しの外側を移動して，左手でこの目隠し壁の端を掴んで右手を壁に沿って伸ばし，山川さんの家の天窓に手をかけました。

すると，確か天窓はこちら側が開いていたものの，網戸が閉まっていた

【注意事項】

☞⑧　手錠を使って脅かすという意味を具体的に確認するための発問。誘導にならないように注意する必要がある。

☞⑨　侵入態様につき、一挙手一投足を明らかにし、具体的に記載する必要がある。

と思います。そこで，私は，伸ばした右手で網戸を開けて窓枠の多分下あたりを掴み，右足を伸ばしてこの窓の下のひさしのような部分にかけました。

そして，私は，今度は，右手に力を入れて私の身体を引き寄せて，左手も，窓枠を掴み，さらに左足を右足と同じひさしに乗せました。

私は，窓枠をよじ上って頭からこの天窓の中に入り上半身が中に入ったところで身体の向きを変えて上向きになり，この窓枠に座るような形になってから，右足を部屋の中に入れ，内側のソファーのような黒っぽい椅子に右足をかけて，部屋の中に入りました。

私は，サンダルのままこの部屋から廊下に出て，山川さんの奥さんを探して，キッチンに移動しようとしました。

私がキッチンの入り口付近まで歩いた時，がちゃっという玄関の開く音がしましたので，私は，山川さんの旦那さんが帰って来てしまったと思い，走って玄関の方へ逃げました。

思ったとおり，私は，山川さんの玄関の内側で，山川さんの旦那さんとすれ違いましたが，そのまま旦那さんの横をすり抜けて玄関の外へ逃げました。

後ろから追いかけて来ているだろうと思い，走って逃げながら軍手を通路か私の家の玄関の中に投げ捨て，走って非常階段を降りましたが，途中でサンダルは両方とも脱げてしまいましたので，私は裸足のまま逃げ続けました。

私は，１階の駐車場まで降りて，今帰って来たような顔をして階段を登り始めましたが，階段の２階か３階部分で山川さんの旦那さんと遭いました。

その後，警察官が来て逮捕されました。

今は，山川さん夫婦に大変申し訳ないことをしたと思っていますし，今度社会に出たら，一旦妹のところに身を寄せ，前に勤めていた会社に戻って，後々は妻と子供とまた一緒に暮らしたいと思っています。

甲野太郎　(指印)

上記のとおり録取して読み聞かせたところ，誤りのないことを申し立て署名指印した。

前　同　日

○○警察署

司法警察員　巡査部長　○○○○○(印)

第３章　文書偽造

第１項　文書偽造――私文書偽造・同行使（預金払戻請求書の偽造等）

１　事案の概要

１　被疑事実の要旨

被疑者は

第１　令和○○年７月１５日午前１０時ころ，東京都○○区○○町○○番○号山川乙男方において，同人所有の預金通帳１通及び印鑑２個（時価合計○○円）を窃取し

第２　同日午前１１時ころ，東京都○○区○○町○○番○○号○○銀行渋谷支店において，行使の目的で，ほしいままに，同銀行宛の普通預金払戻請求書の金額欄に「５００，０００円」，請求人住所欄に「東京都○○区○○町○○番○号」，氏名欄に「山川乙男」と各冒書し，その名下に窃取にかかる同人の印鑑を冒捺し，もって同人作成名義の普通預金払戻請求書１通を偽造した上，同支店係員○○に対し，これをあたかも真正に成立したかのように装い，上記窃取にかかる預金通帳とともに提出行使して預金の払戻しを請求し，同人をしてその旨誤信させ，即時同所において，同人から預金払戻名下に現金５０万円の交付を受け，もって人を欺いて財物を交付させ

たものである。

2　該当法条

刑法第235条、第159条第1項、第161条第1項、第246条第1項

（私文書偽造等）

第159条　行使の目的で、他人の印章若しくは署名を使用して権利、義務若しくは事実証明に関する文書若しくは図画を偽造し、又は偽造した他人の印章若しくは署名を使用して権利、義務若しくは事実証明に関する文書若しくは図画を偽造した者は、3月以上5年以下の懲役に処する。

2　他人が押印し又は署名した権利、義務又は事実証明に関する文書又は図画を変造した者も、前項と同様とする。

3　前2項に規定するもののほか、権利、義務又は事実証明に関する文書又は図画を偽造し、又は変造した者は、1年以下の懲役又は10万円以下の罰金に処する。

（偽造私文書等行使）

第161条　前2条の文書又は図画を行使した者は、その文書若しくは図画を偽造し、若しくは変造し、又は虚偽の記載をした者と同一の刑に処する。

2　前項の罪の未遂は、罰する。

（窃盗）

第235条　他人の財物を窃取した者は、窃盗の罪とし、10年以下の懲役又は50万円以下の罰金に処する。

（詐欺）

第246条　人を欺いて財物を交付させた者は、10年以下の懲役に処する。

2　前項の方法により、財産上不法の利益を得、又は他人にこれを得させた者も、同項と同様とする。

２　取調べるべき事項

本罪は、「行使の目的で、他人の印章若しくは署名を使用し又は偽造した他人の印章若しくは署名を使用して、他人の権利、義務又は事実証明に関する文書若しくは図画を偽造すること」によって成立する。

「**行使の目的**」とは、偽造した文書、図画を真正な文書として使用する目的をいい、「**使用**」という以上は、文書等としてその効用に役立たせる目的が必要であるが、必ずしも用法に従って使用する場合に限らない。交付、提示、備付、還付、送付などがこれに当たる。

作成のとき行使の目的がなければ犯罪は成立しないから、どういうことで使用する目的で偽造したのか、誰に対して使用する目的であったのかについて、具体的に録取しておく必要がある。

「**文書**」とは、文字またはそれに代わるべき符号をもって思想を確定的に多少永続的に物体の上に表示したものをいい、「**図画**」とは、画など造形的方法によってこれを表示したものをいう。

多少永続的にしかも物体の上に表示されたものをいうから、砂の上に書いたラブレター、飛行機によって描かれた大空の文字等は文書でも図画でもない。

また、一定の具体的思想内容の表示が必要であるから、順番を示す整理番号札や下足札などは文書とはいえない。

「**権利義務に関する文書**」とは、権利または義務の発生、存続、変更、消滅に関する文書であり、売買契約書、遺言状、委任状、銀行の支払伝票などがこれに当たる。

また、**「事実証明に関する文書」**とは、人の社会生活上の事実の証明に足る文書をいい、郵便局の転居届、身分証明書、履歴書、書画の箱書などがこれに当たる。

したがって、どういう性質の文書であるかが明確になるように調書上も工夫する必要がある。

「偽造」とは、他人の名前を勝手に使って文書等を作成すること、すなわち、権限がないのに他人名義の文書を作成することである。

これに対して、**「変造」**とは、真正な文書の内容を権限がないのに部分的に変更することをいう。

「偽造」と**「変造」**とは、新しい文書を作りだしたのか文書の非本質部分の変更にすぎないのかにより区別されるから、すでに存在する文書に手を加えた場合でも、手を加えることによって他人名義の文書を新たに作り出したと認められる場合には、変造ではなく偽造である。

例えば、期限切れの定期券の有効期限を書き換えることによって有効な定期券を作り出すことや、拾った他人の自動車運転免許証の写真を剥ぎ取って自分の写真を貼るのは**「偽造」**であるのに対して、運転免許証の住所地の地番を書き換えるのは**「変造」**である。

このように、文書偽造は、他人の作成名義を偽ることであるから、原則として名義を扱われる他人（**作成名義人**）が実在しなければならないが、架空名義であっても、それが一般的に存在すると認められるような場合は文書偽造になるから、捜査に当たっては、まず作成名義を偽られた人が実在するか、実在するとすれば、犯人に作成権限を与えた事実の有無について取り調べて調書化しておかなければならないし、次に作成名義人が実在しない場合には、それが一般的に実在すると誤信されるような文書であることを状況証拠によって裏付ける必要がある。

また、「**作成権限**」の関係では、盗んだ印鑑と通帳を使用して現金を引き出すために払戻請求書を作成するような場合は、周囲の状況から作成権限のないことが比較的容易に証明できるが、借用証書や借入申込書を偽造したような場合、文書の作成名義人の承諾の有無が問題となり、この点について犯人と被害者の言い分が対立することも希ではない。

したがって、このよう場合には、作成の動機、原因、目的、作成によって得た利益の帰属、犯人と被害者の交際の状況などの状況証拠をつぶさに取り調べておく必要があるし、被害者の承諾を得たとの弁解が出た場合は、その具体的日時、場所、その場の状況などを詳細に録取し、その真偽を確認しておくことが大切である。

なお、交通反則切符中の供述書のように、文書の性質上、作成名義人以外の者がこれを作成することが法令上許されないものについては、作成名義人の承諾があっても文書偽造となるとするのが判例であるから（最決昭56・4・8刑集35・3・57等）、注意を要する（第２項 文書偽造──私文書偽造・同行使（交通切符供述書部分の偽造等）☞P.49参照）。

１　動機、犯行に至る経緯、共犯者の有無

２　行使の目的

①　何のために使うつもりであったか

②　誰に対して使う考えであったか

３　私文書

①　作成名義人は誰か

②　文書の内容はどうか、一定の具体的思想内容の表示があるか

③　権利義務に関する文書か事実証明に関する文書か、それ以外の文書か

④　署名又は押印の有無

4　文書名義人が実在すること又は実在すると思われるような名義人であること及びこれらの点に対する認識

5　偽　造

①　権限なくして作ったものであること、作成名義人の承諾の有無特に暗黙の承諾もなかったこと

②　署名又は押印の有無、押印があるときはその入手経路

③　偽造の具体的方法

④　偽造した文書が現実に実害を発生させる危険があるものであることの認識

6　行　使

①　行使の動機、原因

②　行使した相手方

③　行使した理由、目的

④　相手方が偽造文書が真正なものであると誤信した具体的状況

⑤　行使によって得た対価及び利益

⑥　行使によって被害者が受けた損失の程度または実害発生の危険の有無

3　供述調書の書き方

本　籍　○○県○○市○丁目○番○号

住　居　不定

職　業　無職　　　　　　電話　　　局　　　番

氏　名　甲野太郎

昭和○○年○月○日生（○歳）

上記の者に対する私文書偽造・同行使，詐欺事件につき，令和○○年○月○日警視庁○○警察署において，本職は，あらかじめ被疑者に対し自己の意思に反して供述をする必要がない旨を告げて取り調べたところ，任意次のとおり供述した。

１　私は，今年の７月１５日，遊ぶ金ほしさに，当時居候させてもらっていた山川乙男さんの預金通帳と印鑑を盗んで○○銀行渋谷支店に行き，その印鑑を使って山川さん名義の５０万円の預金払戻請求書を勝手に書き，通帳と一緒に窓口係に提出して５０万円の払戻しを受けましたので，そのことについて話します①。

２　私は，本年６月２０日に自動車事故を起こし，それまで勤めていた運送会社も首になってしまったため，アパートを引き払い，仕事が見つかるま

【注意事項】

☞①　自白調書であることを明らかにしておく必要がある。その場合、自分のした具体的な行為を録取すべきであり、「文書を偽造しました」といった表現は単に評価を述べただけで、自白調書としての意味がないことに注意すべきである。

でという約束で運転手仲間の山川乙男さんのアパートに厄介になることになりました。

私は，山川さんのアパートに居候しながら仕事先を探しましたが，なかなか見つからず，そのうちに職探しをするのも面倒になって，７月に入ってからは，山川さんの家でぶらぶらしたり，パチンコ屋に行ったりする生活を送るようになりました。

そのため，会社を辞めるときに持っていた３０万円ばかりの金も底をつき，７月１４日には5,０００円くらいしか残っていませんでした。

3　７月１５日の朝，私は，山川さんが仕事に出かけた後，腹が減ったので何か食べようと思い，冷蔵庫を開けて食べ物を探していると，奥の方に小さな箱があることに気付きました。

何だろうと思って箱を開けてみると，〇〇銀行の山川さん名義の預金通帳，それに実印と認め印の２個の印鑑が入っており，通帳の残高は５０万円ちょっとあることがわかりました。

②私は，仕事も見つからないし，金もなくなってしまっていたことから，この通帳と印鑑を盗み，銀行でおろして使ってやろうという悪い気を起こしてしまいました。

５０万円あれば，しばらく生活には困らないだろうし，パチンコにも行けると思ったのです。

【注意事項】

☞②　犯行の動機である。

私は，山川さんが許してくれるはずもないことは判っていました③から，金をおろしたら逃げるしかないと思い，通帳と印鑑をポケットに入れて盗んだ後，急いで荷物をまとめ，申し訳ないという意味の走り書きをし，玄関の鍵をかけて山川さん宅を出ました。

その時間は１０時過ぎでしたから，通帳と印鑑を盗んだのは午前１０時ころだと思います④。

４　私は，地元の小さな支店ではばれてしまう可能性もあるので，都心まで出て金を引き出そうと思い，山川さん宅を出てから地下鉄に乗り，渋谷で降りて，午前１１時ころ〇〇銀行渋谷支店に行きました⑤。

私は，台の上に置いてあった

普通預金払戻請求書

の用紙に，係員に提出して預金の払戻を受けるために⑥，備え付けてあったボールペンで，預金払戻請求書用紙の金額欄に「５００，０００円」，請求人住所欄に「東京都〇〇区〇〇町〇〇番〇号」，氏名欄に「山川乙男」と手書きし，名前の横に盗んだ実印を押して払戻請求書を書き上げました⑦。

【注意事項】

☞③　名義人の承諾を得ていないことを録取したものである。
☞④　時間の記憶は、そう思った根拠を録取すべきである。
☞⑤　行使の場所を選んだ理由である。
☞⑥　行使の目的を忘れないように録取すべきである。
☞⑦　偽造の状況は、具体的に録取する必要がある。

私は，山川さんのところに居候していましたので，住所も名前も迷うことなく書けましたし，疑われることはないと思い，山川さんのふりをして，窓口の

２８歳くらいの男性銀行員

に

お願いします

と言って払戻請求書と預金通帳，それに実印を出して５０万円の払い戻しをお願いしました。⑧⑨

銀行員は，全く疑う様子がなく，払戻の手続きをしてくれ，まもなく

現金５０万円

と通帳，印鑑を渡してくれましたので，私はそれを受け取り，銀行を出ました。

5　その後，私は，⑩都内のビジネスホテルを転々としながら，パチンコをしたり，酒を飲んだりして１週間くらいで５０万円を使い果たしてしまい，昨日，駅で寝ているときに警察官に職務質問され，自分のしでかしたことを正直に話し，持っていた通帳や印鑑も提出したのです。

6　山川さんには⑪お詫びのしようもありません。

【注意事項】

☞⑧　偽造文書を真正に成立したと相手に誤信させたことの認識である。

☞⑨　行使の具体的状況である。

☞⑩　詐取金の使途については、裏付け捜査をしてもう少し具体的に録取しておく必要がある。

☞⑪　被害弁償の有無及びその見込みである。

すぐに弁償する金はありませんが，働いて必ず弁償しますから，御寛大にお願いします。

甲野太郎　㊞（指印）

上記のとおり録取して読み聞かせたところ，誤りのないことを申し立て署名指印した。

前　同　日

警視庁○○警察署

司法警察員　巡査部長　○○○○○○㊞

第２項　文書偽造――私文書偽造・同行使（交通切符供述書部分の偽造等）

① 事案の概要

１　被疑事実の要旨

被疑者は，令和○○年５月２０日午前１１時ころ，東京都新宿区○○町○○番付近道路において，警視庁○○警察署司法警察員巡査部長Ａから，道路交通法違反（赤信号無視）の事実について取調べを受けた際，東京都公安委員会の運転免許を受けている実弟甲野次郎の氏名を詐称して自己の無免許運転行為の発覚を免れようと企て，同巡査部長に対し，自己の氏名を甲野次郎と名乗り，同巡査部長が交通事故原票（告知番号○○○○）を作成するに際し，行使の目的をもって，ほしいままに，同原票中の道路交通法違反現認・認知報告書記載のとおり違反したことは間違いない旨の記載のある「供述書」（甲）の氏名欄に甲野次郎と冒書した上指印し，もって他人の氏名を使用して事実証明に関する文書１通を偽造し，即時同所において，同巡査部長に対し，これをあたかも真正に成立したもののように装い，提出して行使したものである。

２　該当法条

刑法第159条第1項、第161条第1項（条文☞P.39参照）

② 取調べるべき事項

１　当該文書の作成権限がないこと（承諾等がないこと等）

すなわち、本条は、作成権限のない者が作成名義を偽って他人の私文書を作成することにより成立するものであり、他人名義を用いて私文書を作成する際、あらかじめ名義使用の承諾を得ていれば、偽造にならないのが原則であるので、必ず録取する必要がある。ただし、本事例の交通切符原票中の違反者供述書や再入国申請書、入学試験の答案などは、その文書の性質上、名義人の承諾があっても当該文書を作成する権限は生じないとされる。

2　行使の目的があること

「行使」とは、偽造、変造の文書等を真正なものとして他人の認識できる状態におくことをいうのであり、文書偽造罪が成立するためには、この行使の目的がある場合に限られる。そこで、なんのために他人名義の文書を作成したのか、どのような方法で使用するつもりであったかを具体的に録取する必要がある。

3　権利、義務に関する文書あるいは事実証明に関する文書であること

偽造の対象となる文書はこれに限られるのであるから、作成目的、文書の意義等について、被疑者からその認識を録取しておく必要がある。

③ 供述調書の書き方

本　籍　東京都〇〇区〇〇乙丁目９番

住　居　同都〇〇区〇〇２丁目１０番５号

職　業　会社員　　　　　　　電話　　　局　　　番

氏　名　甲野太郎

昭和〇〇年〇月〇日生（４７歳）

上記の者に対する有印私文書偽造・同行使詐欺事件につき，令和〇〇年〇月〇日警視庁〇〇警察署において，本職は，あらかじめ被疑者に対し，自己の意思に反して供述をする必要がない旨を告げて取り調べたところ，任意次のとおり供述した。

１　私は，令和〇〇年５月２０日午前１０時４５分ごろ，東京都新宿区内の道路で，当時，私所有の普通乗用自動車を無免許運転していたところ，赤色点滅信号を守らず，停止線で一時停止しないで交差点に入ったため，制服の警察官に停車を求められました。

そして，警察官から運転免許証の提示を求められたのですが，無免許運転を隠すため，忘れてきたとうそを言い，運転免許を受けている実弟の甲野次郎になりすまして名前を偽り，警察官から切られた信号違反の切符に実弟の名前を署名して提出したことは間違いありません。

２　私は，それ以前にも，同様に無免許運転を隠すため，警察官から交通違反の取締まりを受けた際，実弟の名前を勝手に使って切符に署名したことで，執行猶予の判決を受けたことがあります。

3　私は，若いころには運転免許を受けていたのですが，速度違反や酒気帯び運転等を重ね，平成２２年に免許取消し２年間の処分を受けました。

それ以降，全く運転免許を受けていませんので，ずっと無免許なのです。

4　本年５月２０日，私が信号違反で取締りを受けたときに運転していた車は，平成○○年に私名義で購入しました。

5　本年５月２０日は，ドライブするために運転していたのです。

6　私は，①信号が赤色でしたが，左右の道路から車が来ていませんでしたので，交差点に入りました。

7　その後，警察官から信号無視で取締りを受けたのですが，私は，無免許運転の前科がありますので，無免許運転がばれると刑務所に入るようになると思いましたし，社長が厳しい方なので，会社も解雇されたりするかもしれないと考え，無免許であることを隠すため，運転免許証は忘れてきたと嘘を言ったのです。

そして，運転免許を受けている実弟の甲野次郎になりすまして名前を偽り，警察官に切られる切符にも実弟の名前を書いて提出し，その場を乗り切ろうと考えたのです。

それで，②私は，警察官から自分の名前などを書くように言われて渡されたメモ紙に，実弟の甲野次郎の名前を書き，それから，警察官に切られた

【注意事項】

☞①　動機に関する記載である。

☞②　行使の目的が存在したことを記載している。

信号無視の切符にも，ボールペンで実弟の甲野次郎の名前を署名して提出しました。

このとき本職は，交通事件原票（第〇〇〇〇号・甲野次郎名義のもの）を被疑者に示したところ③

見せてもらった切符は，私が信号無視で取締りを受けた際に警察官から切られた切符に間違いありません。

私は，自分の無免許運転がばれないようにするため，実の弟の甲野次郎になりすまし，この切符の供述書欄に実の弟の名前を書いたのです。

供述書欄の甲野次郎と書かれた署名は，私がボールペンで書いた署名に間違いなく，その横の指印も，私が左手の人さし指で指印したものに間違いありません。

8　私は，これまでにも交通違反で取締りを受けた際，実弟の名前を勝手に使って切符に署名し，裁判も受けていますから，実弟が迷惑に思っていることは分かっていますので，当然，実弟から，事前にも事後にも，実弟の名前を使うことの承諾は得ておりません。④

甲野太郎　

【注意事項】

☞③　偽造文書については、特に写しではなく、原本を示して録取する必要がある。

☞④　本件のような交通事件原票の供述書では、被冒用者の承諾があっても犯罪の成否には影響ないので、特に記載する必要がないようにも思われるかもしれないが、情状等に影響し、また、被冒用者の共犯性の問題も生じるので、録取しておく必要がある。

上記のとおり録取して読み聞かせたところ，誤りのないことを申し立て署名指印した。

前　同　日

警視庁○○警察署

司法警察員　巡査部長　○○○○○○㊞

第4章　強制性交等、監護者わいせつ及び監護者性交等

1　事案の概要

1　被疑事実の要旨

被疑者は，強制的に山川花子（当時○歳）と口腔性交等をしようと考え，令和○○年○月○日午後○時○分頃，○県○市○丁目○番地において，同人に対し，○○などの暴行を加え，その反抗を著しく困難にして同人と口腔性交をしたものである。

2　該当法条

刑法177条後段

（強制わいせつ）

第176条　13歳以上の者に対し、暴行又は脅迫を用いてわいせつな行為をした者は、6月以上10年以下の懲役に処する。13歳未満の者に対し、わいせつな行為をした者も、同様とする。

（強制性交等）

第177条　13歳以上の者に対し、暴行又は脅迫を用いて性交、肛（こう）門性交又は口腔（くう）性交（以下「性交等」という。）をした者は、強制性交等の罪とし、5年以上の有期懲役に処する。13歳未満の者に対し、性交等をした

者も、同様とする。

（準強制わいせつ及び準強制性交等）

第178条　人の心神喪失若しくは抗拒不能に乗じ、又は心神を喪失させ、若しくは抗拒不能にさせて、わいせつな行為をした者は、第176条の例による。

2　人の心神喪失若しくは抗拒不能に乗じ、又は心神を喪失させ、若しくは抗拒不能にさせて、性交等をした者は、前条の例による。

（監護者わいせつ及び監護者性交等）

第179条　18歳未満の者に対し、その者を現に監護する者であることによる影響力があることに乗じてわいせつな行為をした者は、第176条の例による。

2　18歳未満の者に対し、その者を現に監護する者であることによる影響力があることに乗じて性交等をした者は、第177条の例による。

（未遂罪）

第180条　第176条から前条までの罪の未遂は、罰する。

＊附　則（平成29年6月23日法律第72号）抄＊

（経過措置）

第2条　この法律の施行前にした行為の処罰については、なお従前の例による。

2　この法律による改正前の刑法（以下「旧法」という。）第180条又は第229条本文の規定により告訴がなければ公訴を提起することができないとされていた罪（旧法第224条の罪及び同条の罪を幇助する目的で犯した旧法第227条第1項の罪並びにこれらの罪の未遂罪を除く。）であってこの法律の施行前に犯したものについては、この法律の施行の際、既に法律上告訴がされることがなくなっているものを除き、（‥省略‥）告訴がなくても公訴を提起することができる。

(第3項～第4項省略)

2 取り調べるべき事項

1 動機、犯行に至る経緯

2 客 体

① 被害者との関係、面識、交際状況

客体は男女を問わない。法改正（平成29年7月13日施行）により、後記のとおり、性交のみならず、「肛門性交」や「口腔性交」を強いられることも177条の処罰対象として含まれることとなるところ、これによって性的自由を侵害される客体に性差はないと考えられるからである。

② 被害者の年齢に関する認識

特に被害者が13歳未満である場合には、その年齢の認識及びその根拠

3 暴行又は脅迫

① 暴行又は脅迫の具体的状況

② 凶器等を使用している場合、その準備状況

③ 被害者の抵抗状況、畏怖状況

4 行 為

① 性交等（性交、肛門性交又は口腔性交）の具体的状況

「肛門性交」や「口腔性交」は、性交と同等の身体的接触を伴う性交渉であって、性交と同様の悪質性・重大性が認められることから、今回の法改正により、177条の処罰対象となった。

なお、「**性交等**」には、被疑者が自己又は第三者の陰茎を被害者の膣内、肛門内、口腔内に入れる場合のみならず、自己又は第三者の膣内、肛門内、口腔内に被害者の陰茎を入れる行為も含まれる。

5　その他

①　なお、「わいせつ行為」に該当するかは、原則として、触れた部位や行為態様等のほか、行為者や対象者の性別、年齢、犯行場所、時間等の外形的事情によって判断することとなるが、行為の性的性質が曖昧であったり希薄な場合や未遂の場合等においては、わいせつや性交等の意図・目的を窺わせる事実を十分取り調べておくことが必要であろう。被疑者が暴行脅迫行為には及んだものの、わいせつ行為又は性交等の行為に未だ及んでいない場合等、公判において、わいせつ又は性交等の故意を否認することも多いからである。

従前、強制わいせつ罪については、「犯人の性欲を刺激興奮させまたは満足させるという性的意図」が成立要件とされていた（昭和45年1月29日付最高裁第一小法廷判決）が、平成29年11月29日付最高裁第一小法廷判決により判例変更され、犯人の「性的意図」は成立要件としては不要となった。もっとも、平成29年の判決においても、刑法176条にいう「わいせつ性」の判断につき「行為そのものが持つ性的性質の有無及び程度を踏まえた上で、事案によっては」個別具体的な事情の一つとして「行為者の主観的事情を判断要素として考慮すべき場合が」あることを認めている。つまり、行為の性的性質が曖昧であって、部位や態様等の外形的事情のみでは直ちにわいせつ行為とまで断定できない事案では、犯人の主観的事情が「わいせつ性」の判断に影響することもあり得るとしている。

②　暴行又は脅迫を伴わない場合であっても、18歳未満の者を現に監護する者が、監護者としての影響力があることに乗じて、わいせつな行為又は性交等をした場合には、刑法179条により「監護者わいせつ罪」又は「監護者性交等罪」が成立するので、被疑者が被害者を**「現に監護する**

者」にあたるかの判断材料について取り調べておく必要がある。

具体的には、

(a) 同居の有無

(b) 身の回りの世話等生活状況

(c) 生活費の支出等の状況

(d) その他未成年の者に関する諸手続の状況

等を録取すべきことになる。

３　供述調書の書き方

本　籍　○県○市○１丁目○番地

住　居　○市○１丁目○番○号

職　業　○○　　　　　　　　　　　　電話　○○○（○○）○○○○

氏　名　甲野太郎

平成○○年○月○日生（○○歳）

上記の者に対する強制性交等未遂被疑事件につき，令和○○年○月○日○○警察署において，本職は，あらかじめ被疑者に対し，自己の意思に反して供述をする必要がない旨を告げて取り調べたところ，任意次のとおり供述した。

１　私は，親戚の△男の娘でもある山川花子に対し，今年の○月○日ころ，自分の陰茎を口に入れようとし，強制性交等未遂事件で逮捕されました。

私がこの事件を行ったことはそのとおりで，言い訳のしようもありません。

２　花子は，妻の従兄弟の△男の娘で，私とは血はつながっていませんが，△男が近所に住んでいることもあり，花子が赤ん坊の時から知っています。

花子が小学校に上がった直後，△男夫婦が離婚し，花子の母親が家を出て行ってしまったことから，私の妻が何かと面倒をみてやるようになりました。

それで，花子は私の妻を母親のように慕い，毎日のように私の家に遊びにくるようになりました。

私たち夫婦には子供もいないので，妻だけでなく，私も花子を子供のように思って面倒をみてきました。

私は地元の小学生のバスケットボールサークルのコーチをしているのですが，花子も小学２年生からこのサークルに入りました。

それで，花子は☆曜と★曜の練習に参加した後は，私の家で夕ご飯を食べたりしては，そのまま泊まっていくようになりました。

私たち夫婦は，２階の寝室で，私たちの間に花子を寝かせ，川の字で寝るのがいつものことでした。

3　花子は，小学校５年生になった頃から，胸も膨らみ，女らしい体型になってきました。

私は，花子がＴシャツ一枚で家の中にいるのを見る度に，花子の胸はどのくらい大きくなったのだろう，触ってみたい[①]等と考えるようになりました。

そして，今年の△月頃，花子が泊まった時，横で寝ている花子の胸に手を伸ばし，こっそりＴシャツの上から胸を触ったこともありました[②]。

その時，花子は寝ていたので，私が花子の胸に触ったことには気がつかなかったと思います。

4　○月○日もバスケの練習がありました。

花子は，練習後，いつものように私の車に乗って私の家に来ると，妻の

【注意事項】

☞①　体に触れたことに正当理由がないこと、例えば養育や治療等の弁解を封じるためにも、動機や犯意の形成過程は丁寧に録取する。

☞②　常習性、性癖等を明らかになるような従前の言動も録取する。

作ったご飯を食べたり，風呂に入るなどし，いつものように寝間着代わりのＴシャツに着替えて２階の寝室に行きました。

妻は，仕事が立て込んでいるらしく

明日の仕事の準備がある

などと言って，台所のテーブルのところで何か作業をしているようでした。

私は，また，花子の体に触りたい等と思い，午後９時ころ，妻に

今日は疲れた

先に寝る

と声をかけると，寝室に上がりました。

花子は，すでに寝ていました。

私は，花子のかけていた布団をめくり，さらに花子の体をまたぐようにしてから，Ｔシャツを少しめくり上げ，Ｔシャツの中に右手を入れ，花子の胸にそっと触りました。

すると花子が目を覚まし，驚いたような顔をし，両手で私の体を押しのけようとしてきました。

私はとっさに花子の手を払いのけると，花子の口を右手でふさぎ，さらに左手で肩の辺りを押さえっけました。③

【注意事項】

☞③　上記事案では、相手が13歳未満であるから、「暴行脅迫」はなくても強制性交等罪は成立するが、「暴行脅迫」は犯行態様の内容として極めて重要であるから、具体的に録取する。

そして，花子に覆い被さるようにして

静かにしていろ

すぐ終わるから

と言いました。

花子は，黙ってうなづきました④。

私は，花子が動かなくなったので，胸だけでなく，花子の陰部を手でゆっくりなでるようにして触りました。

私は，この際，自分の陰茎を花子になめさせたい⑤と思い，自分のパンツなどを脱ぐと，花子に口を開けるように言いました。

花子の口の中に陰茎を入れようとした⑥とき，階段の下から妻が上がってくるような⑦気配がしました。

それで，すぐに花子に

誰にも言うな

と言いながら，花子から離れて，自分の布団をかぶったのでした。

花子も布団をかぶり，寝たふりをしたようでした。

私が花子に触ったりしていた時間は５分位だと思います。

5　花子は私を押しのけようとしていたし，その後もおびえたような顔をし

【注意事項】

☞④　相手の反応や言動を録取することで、畏怖状態を明らかにする。

☞⑤⑥⑦　強制性交等罪における口腔性交では、舌でなめさせるだけでは足りず、陰茎を口の中に入れることが要件となっている。なめさせるという言葉で終わりにせず、具体的にどのような行為をするのかを明確にする。

ていましたので，嫌がっていたことは分かっていました。

まだ小学生の子供⑧にひどいことをしてしまったと反省しています。

甲野太郎　指印

以上のとおり録取して読み聞かせたところ，誤りのないことを申し立て署名指印した。

前　同　日

○○警察署

司法警察員　巡査部長　○○○○印

【注意事項】

☞⑧　相手の年齢が13歳未満であることにつき、認識していたことが分かる具体的事情を記載する。相手と面識がそれまでなかった場合は、相手の服装や体格等年齢の知情に結びつく具体的な事実を聴取して録取する。

第5章　傷　　害

1　事案の概要

1　被疑事実の要旨

被疑者は，令和○○年１０月４日午前零時１０分ころ，東京都港区新橋○○番××号東日本鉄道株式会社新橋駅１，２番線ホームにおいて，山川乙男（当２３年）に対し，その顔面に頭突きをし，手拳で数回殴打する暴行を加え，よって，同人に対し，加療２週間を要する顔面打撲，上唇部挫傷の傷害を負わせたものである。

2　該当法条

刑法第204条

(傷害)

第204条　人の身体を傷害した者は、15年以下の懲役又は50万円以下の罰金に処する。

2　取調べるべき事項

1　常習性

前科の内容等から粗暴癖の有無を認定するに足る事項を聴取する。本件においては、同種前科があるが、これらがいずれも飲酒の上での犯行であることを明らかにして、被疑者の粗暴癖を明らかにしている。

2 犯行に至る経緯、動機

なぜ犯行に及んだかを詳細に聴取することにより、犯情を明らかにするとともに、被害者側の落ち度の有無について明らかにする。

3 犯行状況

どのような犯行であったか、暴行の態様（強弱を含めて）及び暴行による被害者の反応

4 飲酒時の責任能力

飲酒の際の暴行では、責任能力を争われることが多いことから、責任能力の判断に関する事項、日ごろの酒量、当時の飲酒量、酔いの程度等を具体的に聴取し、裏付け捜査を行う必要がある。

3 供述調書の書き方

本　籍　○○県○○市○丁目○番○号

住　居　同上

職　業　○○　　　　　　　　　電話　　　　局　　　　番

氏　名　甲野太郎

昭和○○年○月○日生（○○歳）

上記の者に対する傷害被疑事件につき，令和○○年１０月１１日警視庁○○警察署において，本職は，あらかじめ被疑者に対し，自己の意思に反して供述をする必要がない旨を告げて取り調べたところ，任意次のとおり供述した。

１　私は，令和○○年１０月４日午前零時１０分ころ，新橋駅のホームで駅員に頭突きを食らわしたり，殴るなどして怪我を負わせたことは間違いありません。

２　私は，

昭和５８年８月，傷害で，○○警察署に捕まり，罰金２０万円に

平成６年１０月，傷害で，○○警察署に捕まり，罰金３０万円に

平成１７年９月，傷害で，○○警察署に捕まり，東京簡易裁判所で，懲役１０月，執行猶予３年の判決を受けたことがあります。

これらの前科①は，今回と同じように，酒に酔って起こした事件であり，自分でも酒癖が悪いと思っています。

【注意事項】

☞①　酒癖が悪いことを前科との関係で明らかにしている。

3　事件を起こした前の日である１０月３日は，夕方７時ころ仕事が終わり，新橋の居酒屋「○○」で，同僚のＡさんと二人で酒を飲みました。

この店では，私は，生ビール大３杯，日本酒で２合徳利１本くらいを飲んでいます。

Ａさんは，生ビールを飲んだ後，焼酎のお湯割りを飲んでおり，日本酒は飲まなかったと思います。

居酒屋「○○」には午後１０時半ころまでいまして，店を出たところで，Ａさんとは別れました。

その後，私は，新橋駅に向かいましたが，途中屋台を見て，まだ飲み足りないこともあって，一人で屋台に入り，コップ酒を２杯飲みました。

その屋台②は，○○通りの「××」という本屋の前に出ていました。

4　私③は，日本酒なら２合くらい飲むと気持ちがよくなり，そのくらいが適量だと思いますが，それ以上飲むと，自分が押さえきれなくなり，大きな声を出したり，人に絡んだりするので，家族や同僚などから，いつも飲み過ぎるなと注意を受けていました。

その日は，適量をだいぶ越える量を飲んでいたので，足はふらついてまっすぐには歩けませんでしたが，自分ではそれほど酔っているとは思っ

【注意事項】

☞②　屋台から飲酒量の裏付けをとるため、その場所を特定しておく。

☞③　適量を確定しておき、その日の飲酒量との対比で、酔いの程度がどの程度かを明らかにしておく。また、酒癖が悪いかどうか、被疑者自身の認識を明確にしておく必要がある。

ていませんでした。

5　私は，屋台を出て，蒲田にある自宅に帰るため，新橋駅に行き，京浜東北線のホームまで行きました。

電車がなかなかこないので，いらいらし，たばこが吸いたくなり，ホームでたばこを吸い始めたのです。

すると，若い駅員が私の側に来て

お客さん，たばこは喫煙場所で吸ってください

ほかのお客さんの迷惑になりますから

と注意してきたのです。

駅員の言葉は，丁寧でした④が，私は，ホームにはあまり乗客はいないし，別段他人の迷惑になっていないと思っていたので，酒を飲んで気が大きくなっていたこともあって，生意気な駅員だと頭に来て

なんだ，この野郎

俺がどこでたばこを吸おうが勝手だろう

と怒鳴ってしまったのでした。

すると，駅員は，

お客さん，そんなこと言わないで，たばこを吸うのをやめてください

【注意事項】

☞④　駅員の態度から、駅員に落ち度がない事案であることを聴取しておく必要がある。

と言うので，私は，若いくせに生意気なしつこい駅員だと頭にきてしまい，向かいあって立っていた駅員の胸倉を両手で掴み，いきなり，その顔に頭突きを食らわせました。

思いっきり頭突きをしたので，駅員はのけぞり，唇のあたりから血を出しました。

そして，駅員は，私の左手を掴んできて

何するんだ

と文句をいってきたので，私は，ますます腹が立ち，駅員から掴まれた左手を振り払い，左手で駅員の右肩を掴んで，右手のげんこつで，駅員の顔を２回くらい思い切り殴り付けました。

ボクシングのストレートのような形で殴りました。⑤

そのとき，騒ぎを聞きつけたのか，ほかの駅員が２，３人来て取り押さえられてしまったのでした。

6　私が，乱暴した駅員の名前は

山川乙男

という名前であることは警察から聞かされて分かりました。

山川さんは，顔面打撲，上唇部挫傷で２週間の加療が必要と診断されたと聞きました。

私が，山川さんの顔を頭突きにしたり，げんこつで殴ったりしました

【注意事項】

☞⑤　犯行態様を具体的に録取しておく必要がある。

し，唇のあたりから血をながしているのを見ていますので，山川さんの怪我は，私が乱暴したための怪我であることは間違いありません⑥。

7　酒を飲んでいましたが，記憶ははっきりしていましたし，訳が分からずにやったことではありません⑦。

酒さえ飲まなければこのようなことはしませんが，酒の酔いで気が大きくなっていたため，駅員さんに乱暴してしまいました。

私が，事件を起こすときは，いつも酒を飲んでいるときですし，酒を飲むと乱暴になるといつも言われていましたから，今後は酒を控えようと思います。

○○○○ ㊞（指印）

上記のとおり録取して読み聞かせたところ，誤りのないことを申し立て署名指印した。

前　同　日

警視庁○○警察署

司法警察員　巡査部長　　○○○○㊞

【注意事項】

☞⑥　暴行と傷害の因果関係があることを明らかにしている。

☞⑦　複雑酩酊等責任能力がない等の主張を封じ込めておく必要から、録取している。

第6章 窃　　盗

第1項 窃 盗――侵入盗

1 事案の概要

1 被疑事実の要旨

被疑者は，窃盗の目的で，令和○○年○月○日午前零時３０分ころ，東京都中央区○○１丁目○番○号の株式会社△△事務室内に侵入し，その頃，同所において，事務机引き出し内からＡ男所有の現金○万円及びクオカード等，○点（時価○○円相当）を窃取したものである。

㊟下線部分について

このように摘示した場合は、建造物侵入（第２章☞P.19参照)、窃盗両罪の事実を摘示したことになる点に留意されたい。

窃盗だけの場合は、「株式会社△△事務室において」で足りることとなる。

なお、侵入時に器物損壊等が発生し同事実も被疑事実とする場合は、「株式会社△△事務室内に出入口扉の施錠をバールで損壊して侵入し」などと記載することになる（☞P.81参照)。

2 該当法条

刑法235条（前記下線の部分は、刑法130条前段（条文☞P.23参照))

（窃盗）

第235条　他人の財物を窃取した者は、窃盗の罪とし、10年以下の懲役又は50万円以下の罰金に処する。

（未遂罪）

第243条　第235条から第236条まで、第238条から第240条まで及び第241条第3項の罪の未遂は、罰する。

（親族間の犯罪に関する特例）

第244条　配偶者、直系血族又は同居の親族との間で第235条の罪、第235条の2の罪又はこれらの罪の未遂罪を犯した者は、その刑を免除する。

2　前項に規定する親族以外の親族との間で犯した同項に規定する罪は、告訴がなければ公訴を提起することができない。

3　前2項の規定は、親族でない共犯については、適用しない。

②　取調べるべき事項

1　犯行に至る経緯・常習性、計画性等

犯行の目的及び動機、犯意発生時期を聴取するのみならず、道具等を携帯しているか、その入手先、準備の状況等を明らかにすることにより、計画性等の有無を明らかにする。

2　被害者との関係、面識、交友関係、親族関係の有無

被害者との関係は犯行動機やその目的、計画性等に関連するのみならず、親族相盗例（244条）の適用の有無を判断するにあたり必要となる。

3　犯行状況（侵入盗の場合は侵入の方法も）

具体的な犯行状況を明らかにするためには、

・犯行日時、窃取した財物の種類、数量、価格（時価）

・金品物色状況、犯行所要時間、既遂の時期

・上記財物の保管・管理状況、管理占有者及び所有者

・不法領得の意思

などを聴取することが必要である。

「不法領得の意思」というのは、権利者を排除して他人の物を自己の所有物のようにその経済的用法に従って使用処分する意思のことである。

窃盗犯人は、後日になって

① 一時無断借用しただけだ。返すつもりはあった。

② 酒に酔って自分の物と勘違いして持ってきた。

③ 盗むつもりはなく、ただ隠して相手を困らせてやろうと思った。

④ 捨ててあるものと思った。

などの弁解をして、犯意を否認しがちである。

従って、捜査官作成の供述調書に犯人が弁解をする余地のないように、具体的に犯意を記載してあれば問題ないが、単に外形的行為のみを形式的に録取し、犯意を明確に記載していないと弁解がそのまま通ってしまうおそれがある。

たとえば、

「私が，新橋のカラオケ屋を出た時，もう終電車が行った後でしたから，タクシーで帰るからといって友達と別れたのでした。

私は，しばらく歩いて，適当なところでタクシーを拾おうと思い，新橋駅から自宅の方向へと歩き出しました。

そうこうしているうちに，○○マンション出入口脇にさしかかり，そこには，一階に何かの店があり，その壁に立てかけるような形でふるびた自転車が置いてありました。自転車には，施錠はされていませんでした。私は，道もよく分からないし，歩いていて疲れ

てきたのに，なかなかタクシーを捕まえられそうになかったので，

この自転車に乗って帰ることにしました。」

などという記載では、一時無断借用するつもりだったのかはっきりせず、ちょっと借用し、後で必ず返すつもりだったなどと弁解される余地がある。

そこで、以下のとおり

「もっとも，壊れている様子でもありませんから，捨ててあると思ったわけではなく，その家の人か，あるいは別の人かも分からないが，この店の関係者の持ち物だろうなということはよくわかっていました。

でも，私は，道もよく分からないし，歩いていて疲れてきたのに，なかなかタクシーを捕まえられそうになかったので，

もう少し広い道まででたらタクシーを捕まえやすいだろう

この自転車で帰れるところまで帰って乗り捨てて，距離を稼いだら，タクシー代も浮くだろう

などと考えて，この自転車を盗んで乗って行くことに決めました。」

という記載が必要である。

なお、本件の「**財物**」は、他人の占有する他人の所有物であることが必要であり、本罪の「**占有**」とは、財物を必ずしも現実に握持又は監視している必要はなく、財物が占有者の支配力の及ぶ場所に存在することで足りる。

4　犯行後の状況等

盗品処分状況、金員の使途先、示談状況

5　その他

集団万引き、集団スリなど共犯事件においては、共犯者の人数、謀議の日時場所、内容、実行時のそれぞれ役割、位置関係

3　供述調書の書き方

本　籍　○○県○○市○丁目○番○号

住　居　不定

職　業　無職

氏　名　甲野太郎

平成○○年○月○○日生（○○歳）

上記の者に対する窃盗被疑事件につき，令和○○年○○月○○日警視庁○○警察署において，本職は，あらかじめ被疑者に対し，自己の意思に反して供述をする必要がない旨を告げて取り調べたところ，任意次のとおり供述した。

１　①私は，東京都○○区○○１丁目○番○号

株式会社△△

に窃盗の目的で、

令和○○年○○月○○日午前零時３０分ころ

侵入し，現金やクオカード等を盗んだことは間違いありません。

私は盗みをする前日に，この会社の下見をしておりますので，当時のことを思い出しながら詳しく話します。

私は当時，上野公園や上野不忍池の公園で野宿しておりました。

【注意事項】

☞①　被疑者が犯罪事実について自白していることを明らかにする。

②
手持ちのお金も少なくなってしまい，会社の事務所に盗みでも入ろうと思い，前刑の時盗みに入った××のことを思い出し，××に行き，入りやすい会社の下見をしようと思い，○○駅から山手線を利用し××駅で下車したのが午後2時頃だったと思います。

そして駅から歩いて，○○○○から裏通りに入ったところ，問屋や工場があり，その工場の裏側を歩いていると，小さな会社の事務所などがたくさんあることがわかりました。

2　私は，盗みに入りやすい，会社の下見をするため，ぐるぐる回りながら何回も同じ場所を歩きました。

時間にすると公園で休んだりした時間を入れると，約5時間くらいは下見をするため歩いたと思います。

そして昨日，私が案内した，

株式会社△△

を選んだのです。

この会社は外階段があり，鉄格子が開いたままになっているので，この状態ならば入りやすいと思い，この外階段を上りドアでも壊せば事務所の

【注意事項】

☞②　犯行の動機と犯意発生状況である。「お金が少なくなってしまい」ではなく、「○○円しかなくなってしまい」と具体的に記載したほうがよい。下見を行ったことを録取したことにより、計画性が明らかになってきている。なお、このように同種前科を有している場合、身上関係を聴取した際に、前科前歴の内容、手口なども丁寧に録取していると、常習性も明らかになる。

中に入る事ができるだろうと思いました。

そして，私の野宿場所である上野不忍池の公園に戻り，○○○の裏に隠しておいた

布切れに巻いてあるバール

を確認したりしたのです。

そして，盗みに入る当日，布切れに巻いてあるバールを前ズボンの内側に差し込み，以前買い求めておいた，ペンライトをジャンパーの内ポケットに入れ，手袋はズボンのポケットに入れました③。

このようにドアを壊すためのバールや現金などを探すためのペンライトを準備して，午後２時３０分ころ○○駅から山手線に乗って××駅で降りました。

そして，○○○○通りを歩いてきて，途中○○○○○○の前を通り，工事をしている橋を渡り，その後路地を入ったりして，

株式会社△△

に着いたのです。

刑事さんから，私が盗みに入った，

株式会社△△

の被害日時は，令和○○年○○月○日午後８時００分ころから令和○○年○○月○○日午前６時１５分ころまでの間と教えてもらいましたので，私

【注意事項】

☞③　道具の準備状況等である。

が下見をしたのは，令和〇〇年〇〇月〇日の午後４時ころから午後１０時ころまでであり，

株式会社△△

に盗みに入ろうと，この会社に着いたのは，令和〇〇年〇〇月〇日午後４時〇〇分ころでした。

私は，所持してきた布切れに包んであるバールの上に，ペンライトと手袋をのせ，その上から新聞紙で包み，会社の近くにある，〇〇〇〇〇〇の脇にある，ツツジの植え込みの中に隠しました。

そして会社の様子を見たところ，仕事をしている状態でしたので，会社の周りを中心に見て回りました。

そして午後６時３０分ころだと思いますが４０歳前後の男の人が，会社の玄関の鍵をかけているのが分かりました。

その男の人は，鍵をチャラチャラと音をさせながら私の前を通り，Ａと表札が出ている木造２階建て裏口のインタホンを押したのです。

すると

ご苦労さま

という声が聞こえドアが開き，男の人は鍵を渡していました。

私は，これで会社は全員退社していなくなったと思い，時間をつぶすため△△の近くにある，中華そば店に入り，中華丼を注文し夕食をとりました。

午後７時頃，中華そば店を出て，すぐ近くにある公園に行き，１時間程

時間をつぶした後，公園から会社の様子を見に行きましたが，会社の中は真っ暗でだれもいない様子でした。

公園に戻り時間を稼ぎ，また会社の様子を見に行ったりの繰り返しをしました。

なぜそのような繰り返しをしたかというと，会社に遅く帰ってくる人が④いるかもしれないということと，会社の隣にはマンションがあるので人通りが多かった事から，用心のために公園から出て会社の様子を何度も見て回ったのです。

3　その様なことを繰り返し，午前零時過ぎまで時間をつぶしたりしたのです。

そして○○月○○日の午前零時過ぎころ，人通りもなくなり，植え込みに隠しておいた，バールを取りに行き，午前零時３０分ころ，

株式会社△△

に行き，持っていた手袋をはめてから会社の外階段を上って行きました。

まず，私は階段を上り，４階まで行きましたが階段との境はドア等が無いので，そのまま階段から廊下に入り，ガラス越しに中の様子を見たとこ

【注意事項】

☞④　現場に到着し、犯行までに相当の時間が経過していることから、その理由について録取する必要がある。本件では、被疑者の用心深さ等の悪性の立証に役立つ供述であるが、このような録取がなされていない場合、公判では、「悪いことをするので、盗みをしようかやめようか躊躇していた」等と弁解され、悪性を十分立証できない場合がある。

ろ，自動販売機やテーブル等が置いてあったので，

ここは事務所ではない

と思い，階段を下りて３階に行ったのです。

鉄の扉があり⑤，施錠されていたので，持っていたバールを施錠部分の扉と縁の隙間に差し込み，鍵の受座の部分を左右に力一杯ねじってこじあけようとしました。

５回か６回位バールをねじった後，ドアのノブを引いたところ簡単にドアは開き，建物の中に入る事が出来ました。

4　ドアから中に入り⑥，ペンライトで照らしたり，非常灯の明かりで，机や椅子などが沢山あり，広い事務所である事が直ぐ分かりました。

私は，まず金庫が置いてあるところに行き，持っていたバールを机の上に置きました。

なぜ，私が金庫が置いてある近くの机に行ったのかその理由は，金庫の近くは経理の人が座っているので，事務机の引き出しに切手や収入印紙等が，置いてあることを前刑の時に経験していたので，金庫の側の机から物色しようと思ったからです。

【注意事項】

☞⑤　バールでこじ開けて錠を壊した場合、建造物侵入罪が成立するだけでなくドアを壊したことにつき器物損壊罪（ドアが取りはずし困難なものであれば建造物損壊罪）が成立することにも留意する。

☞⑥　窃取の状況であるが、被害金品のそれぞれ種類、数、その保管状況なども具体的に録取する必要がある。

金庫の後ろにスチール製ロッカーがありましたので，まずこのロッカーの中を見ようと思い，ロッカーのところに行きました。

このロッカーの扉は両開きで，鍵がかかっていたので，バールを差し込み左右に動かし，こじ開けたところ，ロッカー内の中央部の棚のところに手提げ金庫が置いてありました。

手提げ金庫の左側の棚の上に，クオカードが専用封筒に入れられ積んでありました。

クオカードの枚数は８０枚くらいはあったと思います。

クオカードと手提げ金庫は金庫の側の床面に置き，再びロッカーの中を見ましたが金目のものはありませんでした。

私は，ロッカーから手提げ金庫を取り出すとき，手提げ金庫は鍵が掛かっており，移動するとき，手提げ金庫の中がジャラジャラと硬貨の音がしたので，お金が入っているとすぐわかりましたから，この手提げ金庫は最後に壊そうと思い，金庫の側の床面にクオカードと一緒に置いたのです。

その後，金庫が置いてあるすぐ側の事務机の引き出しを引こうとしましたが，柱の所にある金庫が邪魔になり，金庫を動かしました。

金庫は車が付いていたので簡単に移動することができました。

そして，事務机の引き出しを引き，ペンライトを照らしたりしたところ，切手や収入印紙，高速券等があり，金券屋に持っていけば金に換えることができると思い盗むことにしました。

盗んだ切手は１円のものから，５００円位のものまで種類が多数ありました。

切手のほか，収入印紙や高速券もありましたので事務机の上に置きました。

5　金庫近くの事務机の引き出しを開けて金目のものを探した後，その他の各事務机の引き出しをほとんど開けて探しました。

机の引き出しの中に，５００円硬貨で，

○○記念硬貨

などが数十枚あり，普通の５００円硬貨もあったように思います。

この硬貨は確か，名刺入れのプラスチックの箱の中に入っていたと思います。

５００円の○○記念硬貨は記憶していますが，他の記念硬貨については，はっきりとしたことは思い出しませんが，記念硬貨であったことは間違いありません。

この記念硬貨等はズボンのポケットに入れ，その他の事務机の２～３カ所の引き出しから，小銭をを盗んだり，記念切手なども盗んでいます。

記念切手の中には，歌手の美空ひばりや石原裕次郎の切手もありました。

この記念切手はシートになっている物もありましたが，枚数ははっきりしたことは分かりませんが，この切手は金庫の置いてあった経理担当と思われる事務机の上に運んでおきました。

6　各事務机の引き出しから，小銭や記念硬貨，記念切手などを盗んだ後，私は，手提金庫の置いてある金庫の側に行きました。

手提金庫は鍵が掛かっているので，バールを施錠部分の蓋のところに差込み，上下にバールを動かし，こじあけたところ手提金庫の蓋は簡単に開きました。

　　手提金庫の中に

　　１万円札２０枚位

その他，

　　５千円札，千円札，５００円硬貨，

　　１００円，５０円，１０円，１円硬貨等

が沢山あったので全部盗み，硬貨類はズボンのポケットと所持していたセカンドバックの中に札と硬貨などを入れました。

手提金庫にあった現金は，詳しく数えていませんが，大体の感じから，

　　２１万円から２５～２６万円

はあったように思います。

それから金庫の前にあった経理担当の事務机に置いてある，切手，収入印紙，高速券，記念切手などをセカンドバックに入れ，更に，クオカードもセカンドバックに入れました。

7　私は盗んだ切手等を換金する時⑦，１回の換金は切手，収入印紙，高速券

【注意事項】

☞⑦　窃取品を金に換えた状況及びその金員の使途先である。換金場所等を特定し、裏付け捜査を行うことが必要である。

等を混ぜて，５～６，０００円分を用意し金券屋で換金しております。

これらの切手類は，２０数回にわたり，新宿，西日暮里，神田の金券屋で換金しており，全部で１７～１８万円位を換金しております。

金券屋では，取引カードに書いたり，身分証明書等は請求されず直ぐ換金することができました。

盗んだ現金や換金した現金は生活費や競輪に使いました。

甲野太郎 ㊞指印

以上のとおり録取して読み聞かせたところ，誤りのないことを申し立て署名指印した。

前　同　日

警視庁○○警察署

司法警察員　警部補　○○○○○㊞

第2項　窃　盗──万引き

1　事案の概要

1　被疑事実の要旨

被疑者は，令和○○年１月２５日，東京都練馬区１丁目○番○号所在のコンビニエンスストアー△△練馬店において，山川乙男所有の弁当１個（販売価格５００円相当）を窃取したものである。

2　該当法条

刑法235条前段（条文は☞P.73参照）

2　取調べるべき事項

前記の第１項侵入盗の2（☞P.73参照）で述べた一般的取調事項のほか

1　犯意の発生時期

いつから万引きを考えていたのか、店に入る前か、店に入ったあとか等で犯情が異なる。

2　スーパー、いわゆるコンビニのようにレジがある場合は、同所を通過する際の心理状態

一般的に、「ぼっとしていて商品を持ったまま店を出てしまったのであり、盗む気持ちはなかった」等と犯意を否認する傾向にあるので、その際の心理状態を録取する必要がある。

3　所持金の有無、動機との関係

万引きの場合、窃取価格より多くの現金をもっている場合があり、その場合、支払うつもりであった等の弁解がでる可能性があるので、窃取前後の行動（例えば、店員から死角になる場所に移動した、周囲を見回してい

た等）や、発覚時の言動（「見逃して下さい。」と言った）などの事実を録取しておくほか、所持金の有無及び所持金がある場合、なぜ万引きをする気持ちになったかを録取する必要がある。

4　万引きの目的

個人的に消費するには不自然な商品及び多量の物を万引きした場合、その目的を明確にする必要がある。

3　供述調書の書き方

本　籍　○○県○○市○丁目○番○号

住　居　不定

職　業　無職

氏　名　甲野太郎

平成○○年○月○○日生（○○歳）

上記の者に対する窃盗被疑事件につき，令和○○年1月28日，警視庁○○警察署において，本職は，あらかじめ被疑者に対し，自己の意思に反して供述をする必要がない旨告げて取り調べたところ，任意次のとおり供述した。

1　私は，今月25日午後2時ころ，東京都練馬区1丁目○番○号にあるコンビニ△△で，弁当を盗んだことは間違いありません。

2　私は，1週間くらい前から公園などで野宿をしておりました①。

野宿を始めたころの所持金は1，000円くらいありましたが，2日くらいでこれを使い果たしており，今回事件をおこした時には，所持金はまったくありませんでした。

そのため，ここ4，5日は，水を飲むだけで，なにも食べていませんでしたので，お腹が空いて仕方ありませんでした。

【注意事項】

☞①　野宿を始めた経緯について録取されていないので、その経緯が不明であり、不十分である。本件にいたる経緯に同情の余地があるかどうか情状に影響がある事項なので、本件に至る経緯についても十分録取する必要がある。

そして，がまんできなくなって，弁当を盗んでしまったのでした。②

3　所持金がなく，また金が入るあてなどまったくないものですから，弁当を盗んで食べるしかなかったのでした。

お腹が空いて仕方なかったので，店員が少なく，盗みやすそうなコンビニで弁当を盗もうと思って，そのようなコンビニを探して歩いていました。

手には手提げ袋をもっていましたので，この中に弁当を入れて盗もうと思っていました。

そして，見つけたのが，私が今回盗みをしたコンビニでした。③

このコンビニの前をとおりかかったので，中を見たところ，客が結構多く入っていて，店員は一人しかおらず，レジに客が並んでいたので，ここなら弁当を盗んでも見つからずに逃げることができると考えたのでした。

それで，店の中に入り，商品を見るふりをして歩き，弁当が置かれた棚の所まで行きました。

弁当はなんでもよかったので，今回盗んだ弁当を手に取り，廻りを見ますと，私の近くに人はいませんでした。

店員の様子を見ると，レジで客の応対をしていて，私のほうを見ていな

【注意事項】

☞②　本件動機についての記載である。

☞③　犯行場所を選んだ理由についての記載である。計画性、準備の周到性等に関する情状に影響するので、録取の必要がある。

かったので，盗むなら今がチャンスだと思い，手に持った弁当を，手提げ袋の中に入れました。④

そして，誰にも見られていないと思いましたので，そのまま店の外に出たのです。

もちろん所持金がありませんでしたし，店に入る前から弁当を盗むつもりでしたから，レジで代金を支払うつもりなどありませんでした。⑤

4　私は，私の盗みを誰にも見られていないと思っておりましので，店の外に出てうまくいったと思っていたのですが，5，6メートル歩いたところで，店員に呼び止められ，捕まってしまったのでした。

甲野太郎（指印）

以上のとおり録取して読み聞かせたところ，誤りのないことを申し立て署名指印した。

前　同　日

警視庁○○警察署

司法警察員　警部補　○○○○（印）

【注意事項】

☞④　被疑者の行動から窃盗の犯意を明確にするための記載である。

☞⑤　レジを通さずに商品をもちだす、すなわち窃盗の犯意であることをこの観点からも明らかにするための記載である。

第7章　強　　盗

第1項　強　盗――コンビニ強盗

1　事案の概要

1　被疑事実の要旨

被疑者は，金員を強取しようと企て，令和〇〇年４月８日午前３時５分ころ，東京都世田谷区〇〇１丁目〇番所在のコンビニエンスストアー「△△１丁目店」において，同店従業員山川乙男（当〇年）に対し，所携の文化包丁（刃体の長さ〇〇センチメートル）を示しながら，同人に近寄り,「金を出せ。」などと申し向けて，その反抗を抑圧して金員を強取しようとしたが，同人が逃げだしたため，その目的を遂げなかったものである。

2　該当法条

刑法236条（未遂につき243条）

(強盗)

第236条　暴行又は脅迫を用いて他人の財物を強取した者は、強盗の罪とし、5年以上の有期懲役に処する。

2　前項の方法により、財産上不法の利益を得、又は他人にこれを得させた者も、同項と同様とする。

(未遂罪)

第243条　第235条から第236条まで、第238条から第240条まで及び第241条第3項の罪の未遂は、罰する。

2 取り調べるべき事項

1　犯行動機、犯行に至る経緯

犯意発生時期、下見や凶器等の準備状況にも留意し、計画性の有無をも明らかにする必要がある。特にコンビニ強盗の場合、同一被疑者が続けざまに同種犯行を行うなど常習的犯行である場合も多いので、これらの点にも留意して聴取する必要がある。

2　犯行日時場所

事実の特定に必要であるのみならず、強盗罪に関しては、被害者の反抗を抑圧するような状況があったか否かを確定するためにも四囲の状況を明らかにすることが必要である。

すなわち、深夜か昼間か、屋内か屋外か、人通りのある場所かなどにも注意を払うことが必要である。

3　反抗抑圧状況

暴行・脅迫の態様・程度、凶器の有無、被害者の性別、年齢、体格や体力、四囲の状況等を総合して反抗抑圧の有無を決することになる。特に暴行・脅迫の程度などは言葉、動作、被疑者と被害者の位置やその行為の行われた状況等など具体的に聴取することが必要不可欠である。

4　被害結果

被害品が他人の財物であること、被害金額、犯行後の被害店舗、被害者自身への影響、被害感情、被害弁償の有無等

5　再犯の可能性

常習性、監督者の有無

3 供述調書の書き方

本　籍　○県○市○１丁目○番地

住　居　○市○１丁目○番○号

職　業　○○

氏　名　甲野太郎

平成○○年○月○日生（３２歳）

上記の者に対する強盗未遂被疑事件につき，令和○○年○月○日警視庁○○警察署において，本職は，あらかじめ被疑者に対し，自己の意思に反して供述をする必要がない旨を告げて取り調べたところ，任意次のとおり供述した。

１　私が，令和○○年４月８日午前３時５分ころ，△△１丁目店で，お金が欲しくて，店員を脅かしたのですが，失敗して逃げたことは間違いありません。

私は，とにかくお金が欲しかったのです。

今回私が，強盗をした理由についてお話しします。

２　私は，令和○○年２月中旬ころ，それまで勤めていた横浜の会社を，人間関係や私の無断欠勤などから行きづらくなり，やめてしまいました。

その後私は，□□□□で働きましたが，ここも，３月中旬ごろ，私の無断欠勤でやめてしまいました。

この件につき，会社から私の自宅に電話があり，両親も私が無断欠勤したことなどに対して怒り，私と口論が絶えなかったのです。

私は，３２歳であり，最低限食費や光熱費などは家に入れなければいけないのですが，仕事を辞めてしまい，収入が無くて，家にもお金を入れることができず，このようなことについても怒られて，「家に迷惑をかけるのであれば，出ていけ。」などと毎日のように言われていました。

しかし，私自身行くあても収入も蓄えもないので，家を出ることは戸惑いがあり，親から文句を言われながらも家にかじりついていたのですが，会社からの苦情の電話で，親がもの凄く怒り，私は，親の言うのももっともだと思い，とりあえず，家を出ることにしたのです。

私が家を出たのは3月２０日前後ころだったと思います。

家を出たとき，私の所持金は１０万円以上あったと思います。

私は，行くところがないので，ビジネスホテルやサウナに泊まり歩いて，求人広告などを見て，仕事を探していたのですが，どれも私の気に入ったものがありませんでした。

このような生活を１０日間くらいしていました。

そのうち，宿泊代や飲食代で，持っていたお金が1万円か2万円くらいになってしまいました。

その後，私は，○○駅西口の２４時間営業のマンガ喫茶で寝るようになりました。

私は，漫画喫茶で昼間に悶々と今後のことを考えて

いま自分が持っているお金は後1万円か2万円で残り少ない

このまま漫画喫茶にいてもどんどんお金はかかっていく

なんとかして金を手に入れておかないと，生活ができなくなってし

まう

お金が底をつく前になんとかしなければいけない

日払いの仕事は見つからない

まともな方法では今すぐお金は手に入らない

と思い，そのためには

悪いことをしてでもお金を稼がなければ，お金が底をついてしまう

お金が底をつく前に，ひったくりをしよう

と思ったのです。

3　そして，①３月末ころの夜，公園のベンチで電話をしている若い女性を見つけて，ベンチのところに，置いてあったバックをつかんで，逃げたのです。

この時の状況は，また後日詳しくお話しします。

こうして私は，９，０００円くらいの札と，小銭を合わせて１万円くらいを手に入れ，さらに，ひったくった財布と自分のセカンドバックを一緒に質入れして，５，０００円を手に入れました。

4　こうして，私の手持ちのお金が３万円前後くらいになったのですが，私は，働かないので，お金はどんどん減るばかりでした。

私は

【注意事項】

☞①　余罪については犯行に至る経緯に必要な限りで触れるものの、余罪であるので、別の機会に改めて調書を作成するとの趣旨である。

生活を立て直さなければいけない

サラ金からの借金の返済をしたら，手持ちのお金が無くなってしまう

なくなったら，生活できない

人様のお金を強盗して取ってでも，何とか普通の生活をしたい

と考えて強盗することにしたのです。

私は，１度ひったくりをして，１０，０００円くらいにしかならないことがわかりましたが，私が生活を立て直すためには，まとまったお金が必要であり，そのためには，強盗をするしかないと思ったのです。

5　こうして，私は，強盗をすることにして，相手を脅かすための凶器②として，文化包丁と顔を隠すための帽子を買ったのです。

私は，包丁をカバンの中に隠し持って，街中を強盗できる店がないか探してみました。

実際に銀行の前を通り，銀行強盗を考えて，銀行の様子を見たのですが，人がもの凄くたくさんいて，とても強盗は出来そうになかったので諦めました。

そこで，私は

もっと人が少ない時にやろう

【注意事項】

☞②　凶器等の準備状況を録取することにより、計画性を明らかにしている。

深夜なら人が少ない

深夜にやっているのはコンビニだ③

と思い，深夜に人の少ないコンビニで強盗をすることにしたのです。

6　そして，私は，令和〇〇年4月8日午前3時5分ころ，コンビニエンスストアー

△△1丁目店

で，強盗しようとして，店員を脅したのですが，失敗してしまったのでした。

私は，事前に用意して持っていった

文化包丁1本

を△△の店員2人に見せて，金を出せ等と言って脅して，お金を奪い取ろうとしましたが，店員が逃げてしまい，レジの開け方がわからなくて，何も取らずに逃げました。

7　私は④，包丁を背中の腰の部分のズボンとパンツの間に何もカバーを付けない状態で刺していました。この他に，黒色と白色のツートンのナイロン製ビジネスバックを持っていました。

この中には，普段持ち歩いている，ティッシュなど強盗に使わない物が

【注意事項】

☞③　抽象的な強盗の犯意ではなく、コンビニ強盗をやるとの犯意を生じた過程の供述であり、具体的な犯意の形成状況を明らかにしている。

☞④　当日の犯行準備状況。

入っていました。

これは，奪い取ったお金と包丁などを一旦隠すためです。

また，強盗をした後，タクシーで逃げるつもりでしたので，タクシーを待たせておくのに何か荷物をおいておいた方がタクシーの運転手が安心して待っていてくれると思ったからです。

この時の私の服装は，豹柄のブルゾンを上に着ていました。

私は，○○○○通りに出て，タクシーを拾い，タクシーに乗り，国道○○号線に行ってくれるように伝えました。

私は，通りの左右を見ながら

お客が入っていなくて，店員が少ない

コンビニを探していました。

もちろん，強盗をやるのですから，客がいたら面倒なことになりかねませんし，店員が少なければ少ないほど強盗がやりやすいと思ったからです。

コンビニエンスストアーは何軒かあったのですが，どれもお客さんが入っているのが外から見てもわかりました。

私としては，タクシー代を余り使いたくなかったので，早く客のいない店はないかと一生懸命さがしていました。

8　しばらくして，ちょうど道路右側に客の入っていない様子のコンビニを見つけました。

私は，店を通り過ぎてしばらくしてから，客もいないだろう，この店で強盗をしよう，つまり，用意した包丁で店員を脅して，無理矢理金を奪おうと考えて，タクシーの運転手さんにUターンをしてもらい，店を通り過ぎたところで，タクシーを止めてもらいました。

私は，タクシーの運転手に

友達を呼んできたいんで，ちょっと待ってもらえますか

そのかわり，カバンを置いていきますんで

と言ってタクシーを待たせ，カバンを置いて，タクシーから降りました。

私は，道路に面した入り口からコンビニに入りました。

このコンビニが

△△１丁目店

でした。

私が，店内に入ると，店内には，思った通りお客さんが１人もいない様子で，店員もレジの所に１人しか見当たりませんでした。

私は，これを見て，強盗がやりやすいと思い，店員に向かってどんどん近づいていきました。

私は，レジスターとレジスターの間のカウンターの切れ目からカウンターの中に入りました。

この時本職は，令和〇〇年〇月〇〇日付け司法警察員〇〇〇〇作成にかかる実況見分調書添付の現場見取図（３）を被疑者に示すとともにこれを本調書末尾に添付することとした。

これは，△△１丁目店の店内の図面であるとの説明を受けました。

私の店内での行動について，書き込みます。

私が包丁を取り出した場所は①です。

この時店員がいた場所がＶ１です。

私が店員に包丁を向けたのが，②です。

私が，店員が２人いるのに気が付いたのが，③です。

私が，文化包丁を店員に見せつけたのが④です。

この時店員２人が居たのがＸとＶ２です。

この後，店員の人を追いかけていますので，その後の場面に付いては，別のコピーに書き込みます。

この時本職は，前記現場見取図（３）の写し１葉を被疑者に示すと共にこれを本調書末尾に添付することとした。

私が，一旦店を出た後の行動に付いて，書き加えます。

私が店内に戻ってからレジの周りを物色したのが，⑤です。

私が，外から戻ってきた店員に金を出すように言った場所が⑥です。

私が，移動した経路について，青色で書き込みました。

９　私は，店にはいると⑤，お客さんが１人もいないことがわかり，そのまま，椅子に座っている状態のＶ１の方に近づいていきました。

【注意事項】

☞⑤　脅迫状況である。凶器をどのように使い、言動はどのようなものであったかなど被害者との距離や位置などを明らかにして反抗を抑圧するに足りる状況があったことを明らかにしている。

私は，①で包丁を右手に持ちながら，Ｖ１に近づいていきました。

すると，Ｖ１は椅子から立ち上がり，私の方を見ていました。

私は，そのまま，Ｖ１に近づいていき，Ｖ１に右手に持った包丁を向けて，近づきながら

金を出せ

と言いました。

私は，バカみたいに大きい声は出さずに，ナイフを向けて近づいて脅しながら言ったのです。

この時の，私とＶ１の距離は，１メートルないくらいの距離でした。

すると，Ｖ１は，私が強盗に入ったことがわかり，おびえて，すぐに店の奥に逃げていったのです。

私は，すぐに店員を追いかけて，バックルームに少し入り，逃げた方向を見ると，店員が倉庫の荷物伝いに走っていくのが見えました。

私は，とにかくお金が欲しかったので，お金が先だと思い，レジに戻りレジが開くかどうかを見てみたのです。

私が，レジを見た限りでは，ただ，精算ボタンを押せば開くシステムのレジでは無いことがわかりました。

私は，レジをぱっと見て，これは自分１人では開けられないと思い，店員は何処に行ったのかと思い，店内を見ると，③の場所で，店員がＸとＶ２の場所にいるのを見つけました。

この時私は，店員が２人いることに初めて気が付きました。

⑥
私は，店員にレジを開けさせるしかないと思いましたので，２人の店員がいる方に近づいていきました。

私は，このような動作を③から④に移動しながら，やりました。

この時の様子は，店員さんからは棚の陰になっていて見えなかったと思います。

私は，包丁を持っていても，相手に見えなければ仕方ないので，相手をさらに脅して，レジを開けさせようと思い，手を上に上げて，相手に包丁を見せつけながら

　　金を出せ

　　金だけだせばそれでいいから

　　こっちに来い

と言いました。

このように，私は，包丁を見せつけて，相手を脅して，レジを開けさせてお金を奪うために，こっちに来させようとしたのです。

しかし，店員は，私の脅しが効きすぎたのか，Ｖ２はそのまま出口の方に走っていってしまったのです。

そして，この店員さんは，出入り口の所で

　　こっち来いよ

と大声で言いました。

【注意事項】

☞⑥　前同様である。

私は，店員は，２人よりも１人の方が強盗がやりやすいので，１人の店員が逃げてくれればそれはラッキーだと思い，この店員を追い払おうと思ったのです。

そこで，私は，出入り口の方に行き，外に出て，私を挑発するような態度をとった店員を少し追いかけると，店員は，慌てて，そのまま逃げていきました。

この時，店員さんが逃げた方向は店を出て右の方向だったと思います。

私は，店員を上手く追い払えたので，再び店内に戻りました。

この時，先ほどまでいたもう一人の店員の姿が見えませんでした。

私は，店員が居なければ，レジを開けることは出来ないので，レジを開けるかわりに，レジの回りに何か手提げ金庫など金品が無いかどうかを探しました。

この時私が，探していた場所が，⑤辺りです。

私が，レジの周りを探していると，また，先ほど店の外に出た店員が店に戻ってきたのです。

この時，戻ってきた店員は，店の外から，私の方を向いて

こっちにこい

などと言ってきました。

私は，店員が戻ってきたので，ちょうど良いと思い，この店員にレジを開けさせよと思い，カウンターを出て，出入り口の所にいる店員に向かって，包丁を動かしながら，レジの方を指すようにして

早くレジを開けろ

金だけだせばいいんだよ

などともう一度言ってやりました。

しかし，店員は，これを無視して

こっちに来い

などと言い続けてきたので，私は，これはもうダメだ，つまり，お金を取ることは出来ないと思いました。

そこで，私は，この出入り口の所にいる店員を追い払って，タクシーに乗って逃げることにしました。

私が，店員の方に向かっていくと，店員は，店を出て，左の方に逃げていきました，

私は，そっちの方向にタクシーを待たせておいたので，このタクシーよりもさらに遠くに追いやらないと，タクシーに乗れないと思い，店員を追いかけ，タクシーをすぎるところまで追いかけました。

店員もどんどん逃げていったので，私は，これくらいで大丈夫だと思い，タクシーの位置まで戻り，タクシーに乗り込んだのです。

私が，タクシーに乗り込むと，店員もタクシーの方に戻ってきました。

すると，タクシーの運転手が不審に思って，窓を開けてしまいましたので，私と店員が口げんかの様になったのです。

ただ，店員は一方的に私に何か

わー，わー

といってきましたが，内容はよくわからず，すぐに店の方に戻っていきました。

私は，タクシーの運転手に

あいつらバカですから

などと適当に説明をして，すぐにタクシーを発進させてもらいました。

今回のことは申し訳ないことをしました。

２度と強盗はしません。

甲野太郎 (指印)

以上のとおり録取して読み聞かせたところ，誤りのないことを申し立て署名指印した。

前　同　日

警視庁○○警察署

司法警察員　巡査部長　○○○○(印)

第2項　強　盗――タクシー強盗

1　事案の概要

1　被疑事実の要旨

> 被疑者は，タクシー運転手から金員を強取するとともにタクシー料金の支払いを免れようと企て，令和〇〇年6月5日午後8時30分ころ，東京都荒川区〇〇１丁目〇番〇号先路上において，山川乙男（当〇〇年）の運転するタクシーを呼び止め，これに乗車し，同日午後9時ころ，同都〇区〇〇５丁目〇番〇号先路上にさしかかるや，同車内において，同人に対し，やにわに後方から同人の襟首を左手で掴み，所携のカッターナイフ（刃体の長さ約6．2センチメートル）を前部座席の間から同人に向けて突き出し，「エンジンを止めろ。金を出せ。売り上げはいくらあるんだ。」などと語気鋭く申し向けて脅迫し，その反抗を抑圧した上，同所に停止した同車内において，同人管理にかかる現金１万５，０００円を強取するとともに上記走行区間のタクシー料金１，４６０円の支払いを免れて，同金額相当の財産上不法の利益を得たものである。

2　該当法条

刑法第236条（条文☞P.91参照）

㊟　本例のように現金を奪うと同時に乗車料金を踏み倒したという事実である場合は、現金につき１項強盗が、乗車料金につき２項強盗が成立するが、両者を包括して強盗罪一罪が成立すると考えられている。

2　取調べるべき事項

1　犯行動機、犯行に至る経緯

犯意発生時期、下見や凶器等の準備状況にも留意し、計画性の有無をも明らかにする必要がある。

特にタクシー強盗の場合、もともと乗車料金をも踏み倒す意思である場合もあるので、その点の犯意も明らかにしておく必要がある。

2　犯行日時場所

事実の特定に必要であるのみならず、強盗罪に関しては、被害者の反抗を抑圧するような状況があったか否かを確定するためにも四囲の状況を明らかにすることが必要であることは、コンビニ強盗などと同様である。

タクシー強盗の場合、乗車日時、場所のほか、実際に強盗行為を行った日時場所も摘示しなければならない。

そのため、犯行のために車を停止した場所は、四囲がどのような状況かなど具体的に明らかにする必要がある。

3　反抗抑圧状況

暴行・脅迫の程度・状況などは言葉、動作、被疑者と被害者の位置や凶器使用状況等その行為の行われた状況等など具体的に聴取することが必要不可欠である。

4　被害結果

被害品が他人の財物であること、被害金額、犯行後の被害店舗、被害者自身への影響、被害感情、被害弁償の有無等。

5　再犯の可能性

常習性、監督者の有無。

3 供述調書の書き方

本　籍　東京都○○区○○１丁目○○番地

住　居　不定

職　業　無職

氏　名　甲野太郎

平成○○年○月○日生（○○歳）

上記の者に対する強盗被疑事件につき，令和○○年○月○日警視庁○○警察署において，本職は，あらかじめ被疑者に対し，自己の意思に反して供述をする必要がない旨を告げて取り調べたところ，任意次のとおり供述した。

1　自分が，タクシー強盗するため，令和○○年６月５日午後８時半を過ぎたころ，タクシーを拾い，午後９時ごろ，足立区○○にある△△△東側にある路上で，乗っていたタクシーの運転手さんのワイシャツの襟首を手で掴み，持っていったカッターナイフの刃先を出して，そのカッターナイフを運転手さんに向かって突き出し，「エンジンを止めろ。ライトを消せ。俺も命賭けてんだ。売上げはいくらあるんだ。」などと脅かして，怯えていた運転手さんから現金１万５,０００円を奪い取り，タクシー料金を踏み倒したことは間違いありません。

2　自分は，今年の２月１０日ころから，港区○○にあるパチンコ店「○○○○○センター」で，住み込みで働きながら，４月ころから足立区○○○にある「○○○モータースクール」に自動車の運転免許を取るため通っていました。

教習所に払うお金も続かなかったし，「○○○○○センター」に住み込みで働いていたので，教習所に通うのを中断していました。

自分は，「○○○○○センター」で働いてまとまった給料をらったら，働くのを辞めて教習所に再び通うつもりでした。

５月２５日に１６万円ちょっとの給料を貰ったので，教習所に通うつもりで，「○○○○○センター」をその日に辞めました。

１６万円ちょっとのお金では，教習所に払うお金や宿泊代，飲食代などに使うには心許ないと考え，パチンコやバチスロで手持ちのお金を増やそうとしました。

ところが，３～４日で１３万円近くすってしまいました。そのうえ，上野界隈にあるサウナに寝泊まりをし，食事にも金を使ったので，５月３１日ころには，手持ちのお金が千円札１枚と５００～６００円くらいの小銭だけになってしまいました。

結局，教習所には行きませんでした。

3　手持ちのお金が底をついてきたので，荒川区○○○にあるＡ公園の中をぶらぶらしながら，どうしようかと思い悩みました。

母親からはお金を借りることはできないと思いました。

自分は，これまでに家の金を１００万円くらい無断で持ち出したり，母親に自分のサラ金からの借金７０～８０万円位を肩代わりしてもらっており，母親から「２度と家に来るな」と言われていたので，お金がないからといって，母親にお金を借りることはできなかったのです。

　そこで，ひったくりでもして金をつくろうかとも考えたのですが，夜遅くなってきて通行人も少なかったし，宿泊代や食事代そして新しい仕事を探すにもまとまったお金がいると考え

　　　夜遅くに金を奪えそうなのはタクシーぐらいだろう

　　　タクシーなら１０万円くらいは売り上げを持っているだろう

と思い，タクシー強盗しようと決めました。

　タクシー強盗をしようと決めてから，Ｂ公園のそばにあるコンビニエンスストアー

　　　□□□□

に行き，カッターナイフを買いました。

　カッターナイフを買ったのは

　　　何も持たずにタクシーの運転手を脅かしても，怖がるはずはないし，金を出すはずもない

　　　カッターナイフを使って脅かせば，運転手が怖がって抵抗もせずにお金を出すだろう

　　　手早く金を奪える

と考えたからです。①

　コンビニエンスストアー□□□□でカッターナイフを買ったのは，６月１日午前零時過ぎごろだったと思います。

【注意事項】

☞①　犯意形成過程である。

この時本職は，令和○○年○月○日司法警察員○○が押収したカッターナイフ１本を被疑者に示した。

只今示されたカッターナイフは，自分がコンビニエンスストアー□□□□て買った物に間違いありません。

このカッターナイフを使って，タクシー強盗をしたのです。

自分は，タクシー強盗をやろうと決めて，カッターナイフを買ったのですが，タクシー強盗をやろうかやめようかとしばらく迷っていました。

でも

迷っていても金は作れない

金がないと寝るところも探せないし，飯も食えない，仕事も探せないと踏ん切りをつけ，迷いを振り切りました。

そして，６月１日午前２時過ぎ頃だったと思いますが，１件目のタクシー強盗をやりました。

その時は，現金３万円くらいと運転手がつけていたロレックスの腕時計を奪い，タクシー料金を踏み倒しました。

そして，翌日の６月２日午後９時前後頃，２件目のタクシー強盗をやり，この時は，現金１万８，０００円位を奪い，タクシー料金を踏み倒しました。

１件目と２件目のタクシー強盗をやったときは，今現在取り調べられている３件目の山川乙男さんに対するタクシー強盗の時と同じように，カッターナイフを買ったコンビニエンスストアー□□□□の斜め向かい側にある○○○○○マンション近くの道路で，タクシーに乗り，足立区○○にある△△△東側の道路でタクシーを止め，左手で運転手の襟首を掴み，右手でカッターナイフを運転手に向かって突き出し

売り上げはいくらあるんだ

などと言って，おびえている運転手から現金と腕時計を奪っています。

自分が，A公園でブラブラしたり，B公園近くにあるコンビニエンスストアー□□□□の向かい側にあるマンション近くからタクシーに乗ったりしたのは，その辺りが中学を卒業してから住んでいた地元だったからです。

タクシー強盗をするため，△△△東側の道路でタクシーを止めたのは，自分が中学を卒業するまでその近くに住んでいた母方のおばあちゃんに育てられたので，そこら辺の地理に詳しかったからです。②

4　1件目と2件目のタクシー強盗で奪ったお金や腕時計を質屋に入れて作ったお金は，サウナ代や食事代そして増やそうと思ってやったパチスロでほとんどすってしまいました。

そこで，3件目のタクシー強盗をやることにしたのです。③

6月5日夕方ごろから，A公園でぶらぶらして時間を潰しました。

自分は，1件目のタクシー強盗は，先程も話したように，やろうかやめようかと迷った末に踏ん切りをつけやったのですが，1件目と2件目がう

【注意事項】

☞②　土地勘のあることを明らかにしている。

☞③　本件犯行の具体的犯意の形成状況である。

まくいったので，３件目のタクシー強盗をやろうとする時には，１件目のような悩みとか抵抗感はありませんでした。

自分は，腕時計を持っておらず，スマホでちょこちょこと時間を確認するだけなので，正確な時間は覚えていませんが，多分午後８時半を過ぎたころ，○○街道の道路を挟んだ斜め向かい側にある○○○○○マンションの前の○○通りで○○街道の方から来た×××のマークを付けたタクシーを拾いました。

もちろん△△△東側の道路まで行ってから，運転手をカッターナイフを使って怖がらせ，現金を奪い，タクシー料金を踏み倒すつもりで，タクシーを拾ったのです。

自分が拾った×××のマークを付けたタクシーの運転手さんが山川乙男さんでした。

これからは山川さんのことを運転手さんと言って話します。

自分は，タクシーの左の後部座席に乗り込んでから，運転手さんに

　　○○○橋を渡ってください

といって，行き先を告げました。

カッターナイフは，自分がはいていたジーパンの右後ろポケットに入れていました。④

タクシーは，○○のロータリーを右折して，○○通りから○○○通りに

【注意事項】

☞④　凶器の準備状況である。

入り，○○○橋を渡るちょっと手前で運転手さんに

○○街道じゃなく，○○通りに入ってください

と言いました。

タクシーが，○○通りに入ってから，○○街道の方に向かうため，途中２回右折してもらい，△△△の東側道路に行きました。

この時本職は，令和○○年○月○○日付け司法警察員○○作成の実況見分調書添付の「現場見取図２」を被疑者に示すとともに，その写しを本調書末尾に添付することとした。

自分がタクシーを最初に止めた場所は，只今示された現場見取図２のＡ辺りです。⑤

１件目と２件目のタクシー強盗やった時も，だいたいA近くでした。

先ほども話したように，このあたりには中学を卒業するまで住んでいたので，この辺が夜になると暗くて人通りが少なくタクシー強盗するには良い場所だと分かっていたのです。⑥

５　自分は，運転手さんに

ストップ

と言って，タクシーを止めさせました。

【注意事項】

☞⑤　犯行場所の地点を特定している。

☞⑥　犯行場所の具体的状況、及び被疑者が犯行場所を選別した理由を明らかにしている。タクシー強盗の場合、通常、人気のない路地を選んで車を停止させているので、この点を明らかにしておく必要がある。

この時本職は，令和○○年○月○○日付け司法警察員○○作成の実況見分調書添付の写真５．７を被疑者に示した。

只今示された写真は，自分の記憶に基づいて自分がやったことを再現したところを写したものに間違いありません。

自分は，タクシーが止まると同時に，座席から少し腰を浮かせるようにして，まず運転手さんを逃さないようにするため，写真５に写っているように，左手で運転手さんが着ていたワイシャツの首の後ろ辺の襟首を

グッと

強く掴み，次いでびっくりしたような感じで，自分の方を振り向いた運転手さんに見えるように，写真７に写っているように，右手に持った刃先をだいたいに１．５センチメートルくらい出したカッターナイフを，座席の間から，運転手さんに向かって突き出しました。⑦

運転手さんは，自分の方を振り返っていたので，自分の突き出したカッターナイフを見ていると思います。

そして，自分は，左手で運転手さんのワイシャツの襟首を掴み，右手で運転手さんに向かってカッターナイフを突き出したままで，運転手さんに

わかるよな

と言いました。

そのように言えば，自分がタクシー強盗だということが運転手さんにわ

【注意事項】

☞⑦　暴行・脅迫の具体的状況である。それに対する被害者の反応、恐れおののいた状況も併せて録取する事が必要である。

かると思ったからです。

ワイシャツの襟首を掴み，カッターナイフを突き出した事で，運転手さんが怯えているのがわかったので

逃げ出したり抵抗したりしないだろう

もう少し脅かせば金を渡すだろう

と思い，ワイシャツの襟首をつかんでいた左手を離し，突き出していたカッターナイフを戻し，刃先を収め，ひざあたりで右手でもってブラブラさせていました。

そして，運転手さんに向かって

エンジンを止めろ

電気を消せ

キーをよこせ

などと言いました。

1件目と2件目のタクシー強盗をやった時は，運転手はすぐに金を出したのですが，3件目の運転手さんは

勘弁してください

生活がかかっているんですから

などと言って，金を出すのを渋っていました。

そこで自分は

俺も命賭けてんだ

売り上げはいくらあるんだ

暴力団の人から頼まれてやっているんだ

生活に困ってやっているんだ

などと言って，威圧するような感じで運転手さんを脅かしました。

暴力団は怖いというイメージがあるので，暴力団の人から頼まれているなどといえば，運転手さんがもっと怖がると思って言いました。⑧

このように言って脅かしたことから，運転手さんは諦めたような感じで，多分ワイシャツの胸ポケットから千円札の束を取り出して，バックミラーの下あたりで，札を数え出しました。

自分は

そんなところで札を数えたら，もし人が通って見れば怪しまれる

と思い，運転手さんに

下の方で数えろ

と言いました。

そしたら，タクシーの後ろの方から車が近づいてきたのがわかったので，運転手さんに

車を動かせ

といい，エンジンをかけさせて，タクシーを発進させました。

そして，運転手さんに

【注意事項】

☞⑧　暴行及び脅迫状況とそれに対する被害者の反応、また被害者が反抗を抑圧されていることを被疑者が認識していたことを録取している。

直ぐそこを左に曲がれ

次の角も左に曲がれ

と指示し，先程示された現場見取り図２のＢ辺りでタクシーを再び止めさせました。

すると，今度は前から車が近づいてきたので，運転手さんに

車を動かせ

と指示し，自分からバックするように言った覚えがないので，多分運転手さんの判断で，タクシーをバックさせたのだと思います。

現場見取り図２のＣ辺りで

止めろ

といって，タクシーを止めさせました。

タクシーを移動させている間中も，カッターナイフを右手に持って，膝辺りでブラブラさせていました。

自分は，Ｃで止めたタクシーの中で

売り上げはいくらあるんだ

と運転手さんに聞いたら，運転手さんはまた千円札を数え直してから

２万円あります

と答えたので，自分は

全部よこせ

と言いました。

そしたら運転手さんが

　　１万円で勘弁してください

　　この年寄りに免じてお願いします

などと言ってきました。

　自分としては，２万円全部欲しかったのですが，運転手さんが何度も頼んできたので，５,０００円だけは勘弁してやることにしました。

　そして，⑨運転手さんが数えて渡してきた千円札１５枚を左手で受け取りました。

　それからまずカッターナイフをジーパンの右後ろポケットにしまい，次に千円札１５枚を同じポケットにしまい込みました。

　そして，運転手さんにドアを開けてもらったか自分で開けたか覚えていませんが，後部座席で左側のドアから出て立ち去りました。

６　自分は，現場見取図２のＤ辺りで，警察の人に捕まってしまいました。

甲野太郎　指印

上記のとおり録取して読み聞かせたところ，誤りのないことを申し立て署名指印した。

前　同　日

警視庁○○警察署

司法警察員　巡査部長　○○○○○○印

【注意事項】

☞⑨　金員を強奪した場所も犯行場所であり、この地点を特定する必要がある。

第8章　詐　　欺

〔前注〕

1 解　説

「詐欺罪」は人を欺いて、財物を手に入れたり、財産上の利益を得たり、または、他人に得させる犯罪である（246条（条文☞P.124参照））。

ちょっと金を貸してくれ、すぐ返すからといって金をだまし取る寸借詐欺、電車のきせる、商品の取込み詐欺、給料の前借詐欺、地面師などがこれにあたる。詐欺のうち財物の詐欺を「**1項詐欺**」、財産上の利益の詐欺を「**2項詐欺**」という。

詐欺は財産に対する罪であるから、たんに結婚だけを目的として人をだまして結婚する結婚詐欺は詐欺罪ではない。しかし、結婚が財物をだまし取る手段である場合の結婚詐欺は詐欺罪である。

「**詐欺**」と「**窃盗**（第6章☞P.72参照）」の区別は、「**窃盗**」は盗む行為が被害者の意思に反して行われるのに対し、「**詐欺**」では、だまし取る行為が被害者の任意処分行為によって行われる点にある。

「**詐欺**」と「**恐喝**（第10章☞P.173参照）」は、財物または利得の取得が相手方の錯誤の結果であるか、相手方の畏怖の結果であるかによって区別される。

1　客　体

強盗と同じように、「**財物**」、または「**財産上の利益**」である。もっとも強盗と違い、財物の中には不動産を含む。自分のものであっても、他人が所持し、または公務所の命によって他人が看守しているものは、詐欺の客体となる（251条（条文☞P.124参照)、242条（条文☞P.125参照))。

2 行為

人をだまして財物を手に入れたり、財産上の利益を得たり、または、他人に得させることである。

(1) 欺く

人をだますことである。だます行為は、言葉ではなく、態度で行ってもよい。代金を支払う意思も能力もないのに、飲食したらすぐ金を払ってくれる客のように見せかけて飲食する無銭飲食も詐欺である。詐欺における欺く行為は、相手方の財産的な処分行為に向けられたものでなければならない。したがって、相手の隙をみて、財物を奪うつもりで相手の気をそらすためにうそをつく行為は詐欺罪の欺く行為にはあたらない。

(2) 交付させる

だました結果を利用して、他人の財物や財産上の利益を、手に入れることである。すなわち、「**犯人がだましたこと**」、「**だまされた者がいること**」、その結果、「**財物や財産上の利益を、犯人か第三者が手に入れたこと**」の3つの要件が必要である。

(3) 欺く行為と交付行為との間に因果関係があること

欺いた結果、相手方が錯誤に陥り、その錯誤に基づいて処分行為をしたことが必要である。従って、だまし取ろうとして欺いたが、相手は見破っていてかわいそうに思い交付した場合には、詐欺未遂である。

また、だまされた者と被害者が一致する必要はない。他人の預金通帳を無断で持ち出し、銀行から金を引き出した場合がこれにあたる。だまされたのは銀行の係員であるが、被害者は刑法上は銀行、民事上は預金者である。裁判所をだまして勝訴の判決を得て、その結果、金銭の支払を受けた場合も同様である。

さらには、因果関係がある以上、だまし取ることが権利の実行行為の手段としてなされても違法である。「お宅の息子さんが交通事故を起こした。示談金5,000円出してくれれば警察に届けない。」と嘘を言って金をだまし取れば、実際は貸し金の取り立てのつもりでも、詐欺罪が成立するのである。

3　主観的要素

「**故意**」のほか、「**不法領得の意思**」を必要とする。

2　取調べるべき事項（詐欺全般）

1　詐欺の犯意

① 発生時期

② 内容

2　欺罔行為（行為）

① その具体的手段、方法

② 不作為による欺罔行為であるときは、告知義務の内容

3　相手方が錯誤に陥ったこと

① どのような錯誤に陥ったか

② 犯人がだまそうとしたところと、錯誤に陥ったところにくい違いがあるかどうか（因果関係の錯誤の有無とその状況）

4　被害者の任意の交付があったこと

① 交付した財物の数量、種類、価格

② 交付した財物の回数、およびその日時、場所

③ 交付の具体的状況

④　反対給付の有無、有ればその状況

5　欺罔行為と錯誤と任意の交付との間に因果関係のあること

6　犯人と受益者は同一人か

①　異なる場合には犯人と受益者との関係（受益者が共犯関係にあるか否か）

7　被欺罔者と被害者は同一人か、異なる場合には両者の関係

8　犯人と被害者（被欺罔者）との関係

①　従来の取引、交友関係

②　親族の関係があるかどうか（親族相盗例の準用（251条)。条文☞P.124参照)

9　騙取が権利行為に基づくものでないこと

10　その他の注意事項

①　取得した財物の処分方法、利得額、その金の使途

②　犯人に詐欺の常習性がないかどうか

③　犯行後示談成立の有無

第１項　詐　欺――無銭飲食

1　事案の概要

１　被疑事実の要旨

被疑者は，令和○○年１０月５日午後１時５分ころから同日午後３時ころまでの間，○○市○○町○丁目○番所在の飲食店△△において，同店経営者山川乙男に対し，所持金がなく，飲食後代金を支払う意思も能力もないのにこれがあるかのように装って，酒食等を注文し，同人をして，飲食後直ちに代金の支払いを受けられるものと誤信させ，よって，そのころ，同所において，順次日本酒１合瓶５本他２点（代金合計２，６００円相当）の交付を受け，もって人を欺いて財物を交付させたものである。

２　該当法条

刑法246条1項

（詐欺）

第246条　人を欺いて財物を交付させた者は、10年以下の懲役に処する。

２　前項の方法により、財産上不法の利益を得、又は他人にこれを得させた者も、同項と同様とする。

（未遂罪）

第250条　この章の罪の未遂は、罰する。

（準用）

第251条　第242条、第244条及び第245条の規定は、この章の罪について準用する。

※参考

（他人の占有等に係る自己の財物）

第242条　自己の財物であっても、他人が占有し、又は公務所の命令により他人が看守するものであるときは、この章の罪については、他人の財物とみなす。

（親族間の犯罪に関する特例）

第244条　配偶者、直系血族又は同居の親族との間で第235条の罪、第235条の2の罪又はこれらの罪の未遂罪を犯した者は、その刑を免除する。

2　前項に規定する親族以外の親族との間で犯した同項に規定する罪は、告訴がなければ公訴を提起することができない。

3　前2項の規定は、親族でない共犯については、適用しない。

2　取調べるべき事項

1　無銭飲食の罪数

無銭飲食は、初めから代金支払いの意思がない場合、あるいは代金支払いの意思があつても、客観的に支払能力がないため結局支払いの意思がないと認められる場合は1項詐欺であり、飲食後犯意を生じた場合は2項詐欺であるが、飲食途中、所持金のないことに気付き、飲み逃げの犯意を生じた場合はどうであろうか。理論的には犯意を生じるまでに提供されたものに対しては2項詐欺、犯意を生じた後に提供されたものについては、1項詐欺が成立する。したがって、二罪となる。しかし、1個の詐欺行為をもって不法の利益を得、かつ財物を編取したときは、刑法第246条に該当する単純な詐欺罪が成立し、1項、2項の区別をしないという判例（大判大正4・4・26刑録21輯422頁）があるので、実務はこれに従つて処理されている。

2　無銭宿泊の罪数

無銭宿泊の場合は、単に宿泊して宿泊料金の支払いを不当に免れるだけでなく、多くの場合、夕食、朝食、酒、ビールなどの飲食物の提供を伴う。この場合も厳格に区別するなら、宿泊料金については2項詐欺、飲食物の提供については1項詐欺が成立し、二罪になるのであるが、実務は前記判例に従い、詐欺一罪で処理している。

3　無銭飲食、無銭宿泊、無賃乗車の場合の欺罔行為

「飲食の注文」、「宿泊の申込み」、「乗車の申込み」は、それ自体暗黙の意思表示を含んでいるものが通常である。したがって、支払いの意思および能力がないのに、その事情を告げないで、人をだます意思で、単純に注文、宿泊、乗車をすれば、その行為自体が欺罔行為となる（東京高判昭和30・8・30高裁刑集8・6・852）ので、そのつもりで供述調書を録取すればよい。ただ、多くの場合、飲食中、または宿泊中に

「今日は思わぬ金が入った」

などと言って、積極的に欺罔行為を施すものであるから、このような行為があった場合は、洩らすことなく録取するよう留意すべきである。

4　2項詐欺の場合の処分行為

2項詐欺の場合は、相手方の「**処分行為**」がないと犯罪が成立しない。したがって、無銭飲食や無銭宿泊、無賃乗車の場合、単に逃走して事実上支払いをしなかっただけでは足らず、

「今晩必ず帰る」

と言って相手方をだまして支払請求を延期させるとか、

「ちょっとトイレに行ってくる」

と言って相手方をだまして支払い請求の猶予を得る行為が必要である。

相手方の「**処分行為**」とされている行為は前記のほか、「抵当権の抹消をさせる」、「電気計量器を逆転させて料金の支払いを免れる」、「相手方に債務を負担させる」、「相手方に労務を提供させる」、「相手方に不利益な条件で資金を調達させる」などいろいろある。

3 供述調書の書き方

本　籍

住　居　不定

職　業　無職

氏　名　甲野太郎

昭和○○年○月○○日生（○○歳）

上記の者に対する詐欺被疑事件につき，令和○○年１０月１２日○○警察署において，本職は，あらかじめ被疑者に対し，自己の意思に反して供述をする必要がない旨を告げて取り調べたところ，任意次のとおり供述した。

1　私は，去る１０月５日午後１時５分ころから午後３時ころまでの間，ラーメン店△△において，最初から代金を支払うつもりがないのに，普通の客のようにして，店の人に日本酒や餃子などを注文し，飲み食いしました。

2　私は，本年７月ころからは，日雇いの仕事もなくなり，無職でした。

住むところは公園などで寝泊まりし，住居も不定でした。

８月ころまでは，前に日雇いで稼いだ金で何とか飲み食いしていました。

しかし，金がほとんどなくなり，最近は浮浪者仲間から弁当を分けてもらって食べたりしていました。①

【注意事項】

☞①　本件当時の生活状況、金銭の困窮状況を明確にする必要がある。

私は，酒好きで，金があるときは安い酒を１日２合くらい飲んでいました。

3　９月ころから今回無銭飲食で捕まるまでの間，今回と合わせて４回くらい無銭飲食をしたことがありました。②

今回以外の３回については，警察に突き出されましたが，警察で注意されるだけで許してもらいました。

去る１０月４日の昼ころも，ラーメン店で餃子や日本酒などを無銭飲食していました。

その後，今回の無銭飲食をしたのです。

最近やった無銭飲食は，私は，最初から金を持っていなかったので，お金を払うつもりもなく，金を支払う客を装い，無銭飲食を続けていました。

無銭飲食がばれて警察に突き出されたらそれでも構わないという気持ちで無銭飲食をしていました。

4　今回の店に入るころは，お昼過ぎで，前の日から食事をしていなかったので腹も減っていて，好きな酒も飲みたくなり，最初から金を払わないつもりで，金を支払う客を装い，今回の店に入ったのです。③

店に入ったのは，午後１時５分ころでした。

【注意事項】

☞②　常習性があるのであれば、それを明確にする必要がある。
☞③　動機を明らかにする必要がある。

その時，腕時計を見たので，覚えているのです。

5　私が店に入ると，店員が「いらっしゃい」と声をかけてくれました。

そして私は，まず好きな酒から飲みたかったので，その人に「日本酒をください。」と言いました。④

そうしたら，その人は「熱燗ですか，冷酒ですか。」と聞いてきたので，冷やが好きでしたので「冷やでいいです。」と言いました。

その時，私は，金を支払うつもりもなかったので，私が正直に金は持っていません，支払うつもりもありません，と言ったら，その人は注文には応じるはずがありませんので，私は，そのことは内緒にして何も言わず，あたかも後で代金は支払う素振りをして，その人を騙してそのように注文したのです。⑤

そうしたらその人は，私が代金を支払ってくれる客と信じたらしく，私の席に日本酒１合徳利１本を出してくれました。⑥

6　そして私は，後で代金を払う客を装いながら，出されたその日本酒をコップに注いで飲み始めました。

そして，腹も減っていたので，ボリュームのある酢豚が食べたくなり，「酢豚ください。」と言いました。

【注意事項】

☞④　欺罔行為としての注文行為を具体的に記載する必要がある。

☞⑤　その時の内心の意図を明らかにする必要がある。

☞⑥　被害者が、被疑者の欺罔行為の結果、錯誤に陥り、処分行為を行ったことを明らかにする必要がある。

しかし，その店では酢豚はやってなかったらしく，メニュー表から注文するようにと言われました。

そして，メニュー表をみて，野菜妙めと餃子が食べたくなり，その人に「肉野菜妙め１皿と餃子１皿ください。」と言って注文したら，その人は「はい。」と言って注文に応じ，肉野菜妙めと餃子を私の席に出してくれました。

その後，私は，出された料理を酒を飲みながら食べました。

7　そして，飲み食いしている途中，日本酒がなくなったので，「日本酒ください。」とまた注文し，合計５本の日本酒を出させ，全部飲みました。

そして，もう１本日本酒が飲みたくなり，「日本酒もう１本ください。」とその人に注文しました。

そうしたら，「３時までの営業です，申し訳ありません。」と言われました。

３時まで営業なので精算願いますという意味に理解しました。

私は，最後にごはんセットを注文して食べたかったのですが，そのように言われ，その時残念な気持ちでした。

そのように言われ，私は，正直に「金は持っていません。」と言いました。

8　その後，警察に通報したらしく，お巡りさんが店に来ました。

私は，お巡りさんに「金は持ってないのか，最初から払う気はなかったのか。」と聞かれ，正直に「金持ってなかった。最初から金を払うつもりもなく無銭飲食した。捕まってもいいと思っていた。誰も代わりに金を支払ってくれる人はいない」などと言いました。

9　私は，その店に入る前，所持金は３０円くらいしか持っていませんでした。⑦

３０円では飲食代金には勿論不足していますので，最初から金を支払うつもりはありませんでした。

私のその時の全財産は３０円くらいしかなく，貯金も何もありませんでした。

私には１３歳の一人息子がいますが，××の養護施設に預けっぱなしで，７，８年前から一度も面会に行っていません。

父は死亡しており，もういません。

結婚歴もありますが，私が３０歳くらいのころ離婚しました。

実母もいますが，母とも音信不通で，母も何処に住んでいるのか，生きているのかすら分かりません。

その他，親戚にも連絡できる人は誰一人いません。⑧

友人知人など，特に付き合っている人もおらず，私の代わりに私の飲食代金を支払ってくれる人は，後にも先にも誰もいませんでした。

【注意事項】

☞⑦　当時の所持金を明確にする必要がある。

☞⑧　所持金以外に貯金がないこと、被疑者の身の回りに立て替え払いをしてくれるような人は誰もおらず、そのことを被疑者自身認識していたことを明らかにする必要がある。

１０　私は，今回の店で無銭飲食をする前に，誰かにその代金を支払ってもらおうというつもりも全くありませんでした。

無銭飲食をして，それがばれて警察に突き出されるのなら，それでもいいという気持ちでした。

もし警察に突き出されないでタダ食いできれば，儲けものだと思っていました。

もし警察に突き出されたとしても，お巡りさんに注意されるだけで済むのであれば，それも儲けものだと思っていました。

でも，いつかは逮捕されるはめになる覚悟はできていました。

私は，今回捕まらなければ，金も仕事もなかったので，同じような無銭飲食を続けるつもりでした。

今は反省しています。

甲野太郎　(指印)

以上のとおり録取して読み聞かされたところ，誤りないことを申し立て署名指印した。

前　同　日

○○警察署

司法警察員　警部補　○○○○○(印)

第２項　詐　欺――寸借詐欺

1　事案の概要

1　被疑事実の要旨

被疑者は，令和〇〇年８月２８日午前１０時ころ，〇〇市〇〇町〇丁目〇番山川乙子方において，同人（当３４年）に対し，返済の意思も能力もないのにこれがあるかのように装って，「交通事故を起こして，示談金１００万円が必要だ。１０日で間違いなく返済する。」などと嘘を言い，同人をしてその旨誤信させ，よって，同日午前１０時３０分ころ，同所において，同人から現金１００万円の交付を受け，もって人を欺いて財物を交付させたものである。

2　該当法条

刑法246条１項（条文☞P.124参照）

2　取調べるべき事項

詐欺は昔ながら知能犯の典型的なものとされている。それだけに後日否認されやすい。捜査の段階で欺罔の意思をひととおり自白していても、公判になるとその供述をひるがえして、

「だますつもりは少しもなかった」

「それは商取引である」

「あてにしていた金が入らなかったので支払いができなかったので、だます考えは毛頭なかった」

などと弁解するものである。したがって、支払いの意思も返還の能力もなかった具体的状況の供述を求めて、それを録取するとともに、その事実の有無を客観的に、証拠によって確定しておくことが必要である。

3　供述調書の書き方

本　籍　群馬県

住　居　不定

職　業　無職　　　　　　　　　　電話　　　　局　　　　番

氏　名　丙野次郎こと甲野太郎

昭和６０年○月○日生（○○歳）

上記の者に対する詐欺被疑事件につき，令和○○年１０月２３日○○警察署において，本職は，あらかじめ被疑者に対し自己の意思に反して供述をする必要がない旨を告げて取り調べたところ，任意次のとおり供述した。

1　私が，令和○○年８月２８日に，山川乙子さんから，「交通事故を起こして示談金１００万円が必要だ。１０日で間違いなく返済する。」などと嘘を言って，現金１００万円を騙し取ったことは間違いありません。

　私は，今回の事件以前にも，同じような詐欺事件を起こし，２度，懲役刑を受けており，前回の刑を終えたのは，平成２８年８月のことでした。

　私は，前回の刑を終えて出所した後，建築現場の現場監督，ダンプの運転手，代行業の事務所管理などの仕事をしておりましたが，結局，それらの仕事も辞めてしまい無職となり，今回またも同じような詐欺事件を起こしてしまいました。

　私は，刑務所に入っていた際，私を訴えた被害者を恨み，結局この被害者達には一銭も返さないまま，前刑を終えてから今回逮捕されるまでの間にも，全部で約５００万円ほどを数人から騙し取っていました。①

私が，これらの人から騙し取ったお金は，生活費等に使ったものもありましたが，ほぼ全てギャンブルに使ってしまい，全く残っていません。

私が今回騙し取った人達にも，前刑までの被害者と同様，一銭も金を返してはいません。

2　私は，平成２８年８月に前刑を終えた後，しばらくは仕事をしていましたが，同じ年の１０月ころには以前と同じように再びギャンブルに手を出すようになりました。②私のギャンブルとは，競艇とオートレースのことです。

私は，このギャンブルをするお金をてっとり早く得るため，またも人を騙してお金をとることを思い立ち，何人もの人からありもしない嘘を言っては金を騙し取り，ギャンブルにつぎ込んでいました。

私は，仕事も辞め，人から騙し取ったお金だけで生活をするようになり，サウナなどで寝泊まりしながら，日中はオートレース場などに入り浸ってギャンブルをしていました。

この，私がよく行っていた〇〇オートレース場で，Ａという男と知り合いました。

【注意事項】

☞①　寸借詐欺の場合、常習性があることが多いので、その点を具体的に記載する必要がある。

☞②　犯行前の生活状況につき、具体的に記載する。

　このＡという男も，オートレース場によく来ており，顔を合わせることが多かったため，話をするようになりました。

　私は，Ａから私の名前を聞かれた際，本名を名乗らず，「丙野次郎」であると偽り，仕事も本当は無職であったのに，「丙野建設株式会社」の社長であると嘘をついていました。

　そして，Ａに連れられて，令和○○年６月中旬ころ，「リトルブラック」という店に行った時，リトルブラックのホステスで今回，私が１００万円を騙し取った山川乙子さんと知り合いました。③

３　私は，Ａに連れられて行った，このリトルブラックという飲み屋においても，「丙野建設株式会社社長」と紹介されたこともあり，丙野次郎の名前で通していました。

　私は，しばらくリトルブラックに通っている内に，乙子と親しく口をきくようになりました。

　私は，働いていませんでしたから，騙し取ったお金を使ってしまえば，その分手持ちのお金が減っていくだけでしたので，私は，何とか金を作らなければと思いました。

　私は，ギャンブル資金を作るため，乙子に金を出させようと思いました。

　私は，当時無職で何の収入もなく「丙野建設株式会社社長」などという

【注意事項】

☞③　被害者と知り合った経緯につき、日時・場所等をある程度特定して記載する必要がある。

のは全くの嘘でありましたが，乙子は私のことを会社社長だと信じていましたから，「すぐに返すので金を貸してほしい。」と言えば，金を出してくれるに違いないと考えました。

私は，それまでに既にいろいろな人からお金を騙し取っていたのであり，これらの人に１円も返していないのに，乙子にだけ金を返すあてなどはありませんでした。

私は，乙子に「すぐに返すから金を貸して欲しい」などと嘘をついてギャンブルなどのためのお金を出させることにしたのでした。

既に乙子には予め作ってあった「丙野建設株式会社代表取締役社長丙野次郎」という名刺を渡していました。

問　あなたは，この「丙野建設株式会社代表取締役社長丙野次郎」という名刺を，他人からお金を騙し取る道具に使うために前もって作っていたのではないか。

答　いいえ。私がこの名刺を作ったのは，Ａから「連絡先等を知りたいので名刺をくれ。」としつこく言われたことから，作っていたものであり，人からお金を騙し取る際の小道具として予め作っていたものではありません。

乙子さんは，私のことを会社社長の丙野次郎であると信じており，私も名刺に書かれているとおり

自分はいくつかの会社を持っている

名刺に書いてある複数のグループ企業は，あくまでもサブであり，

建設業の丙野建設株式会社が本業である

などと話していました④。

　そして，いよいよお金に困ったので，８月２８日午前１０時ころ，乙子さんの部屋へ行きました。

　そして，そこで乙子さんに

　　「⑤交通事故を起こして示談金として１００万円必要だ。１０日で間違いなく返済する。」

などとでたらめを言ったのです。

　私は，本当は会社などやっていませんでしたし，金を返すあてなど全くありませんでした。

　しかしながら，間違いなく１０日で返済するとでも言わなければ，お金を貸してはくれるはずはありませんから，私は口からでまかせを言ったのでした。

　すると乙子さんは，

　　１０日で間違いなく返してくれるのですね

と念を押すように言うので，私は

　　間違いなく返済します。私を信用して下さい。

と言い，また迷っている乙子さんに

【注意事項】

☞④　詐欺の背景事情として、被疑者の身分・肩書き等についても被害者らを欺罔することがあるので、その点についても明らかにする必要がある。

☞⑤　犯行の日時・場所、欺罔文言、欺罔文言を信用させるために行った言動等につき、詳細に記載する。

お願いします

申し訳ないですけど，よろしくお願いします。１０日以内になんとかします

などと嘘を言って，１００万円を貸して欲しいと頼みました。

もちろん，私は，会社社長でもなく，交通事故も起こしていませんでしたから，乙子さんに１００万円を出してもらうために言った話は，全くの作り話であり，１０日以内に借りた金を返すなどということは，最初から無理な話でしたし，またそのつもりもありませんでした。⑥

私が必死になって頼むと⑦乙子さんは，

わかりました。１０日で返済してくれるならお貸しします。

と言ってくれたのです。

乙子さんは，私が社長で，１０日で間違いなく返済してくれるものと信じてお金を出してくれることになったのでした。

そして，その⑧場で現金１００万円を貸してくれたのでした。

現金を渡してくれたのは，３０分位したあとですから，午前１０時３０分ころになっていたと思います。

【注意事項】

☞⑥　返済の意思も能力もないことを、被疑者自身の認識という形で明らかにする。

☞⑦　被疑者の欺罔の結果、被害者が錯誤に陥ったことを、被害者の言動や被疑者の認識という形で明らかにする。

☞⑧　被害者から現金を交付された日時・場所、その状況について特定する。

9　私が，８月２８日に乙子さんから受け取った現金１００万円は，その後，○○競艇や△△競艇などのギャンブルにつぎ込み，全て使ってしまいました。⑨

２回も詐欺で懲役に行っていながら，またも同じ罪を犯してしまい，今は本当に反省し，申し訳ないことをしたと思っています。

これまで被害者の方たちに金を返したことはありませんでしたが，今度ばかりは，私が懲役に行って報奨金を貰ったら，その金を弁償にあてたいと思っています。

丙野次郎こと甲野太郎　㊞（指印）

上記のとおり録取して読み聞かせたところ，誤りのないことを申し立て署名指印した。

前　同　日

○○警察署

司法警察員　巡査部長　○○○○㊞

【注意事項】

☞⑨　騙し取った金の使途先について、具体的に明らかにする。

第３項　詐　欺──カード詐欺

1　事案の概要

１　被疑事実の要旨

被疑者は，不正に入手した株式会社△△発行の山川乙男名義のクレジットカードを使用して，同人を装い，人を欺いて商品を交付させようと企て，令和○○年３月３０日，○○県○○市○○町○○所在のガソリンスタント××において，同店店員らに対し，山川乙男になりすまし，クレジットカードの正当な使用権限も同カードシステム所定の方法により代金を支払う意思もないのにこれがあるように装って，同クレジットカードを提示し，ガソリンの給油及び軽油の購入方を申し込み，店員らをして誤信させ，よって，そのころ，同所において，同人らからガソリン２２リットル及びオイル１缶（販売価格合計○○○円）の交付を受け，もって人を欺いて財物を交付させたものである。

２　該当法条

刑法246条1項（条文☞P.124参照）

2　取調べるべき事項

〔前注〕1☞P.120・2☞P.122参照。

3　供述調書の書き方

本　籍　東京都○○区○○１丁目○○番地

住　居　○○県○○市○丁目○番○号

職　業　ブロック工　　　　　　　電話　　　　局　　　　番

氏　名　甲野太郎

平成○○年○月○日生（○○歳）

上記の者に対する詐欺被疑事件につき，令和○○年○月○日○○警察署において，本職は，あらかじめ被疑者に対し，自己の意思に反して供述をする必要がない旨を告げて取り調べたところ，任意次のとおり供述した。

１　私が今年４月２日午後９時２８分ころ，○○県○○市内のガソリンスタンドにおいて，従業員に山川乙男名義のクレジットカードを示して，ガソリンやオイル缶１缶などを騙し取ったことは間違いありません。

この時使ったクレジットカード①は，

山川乙男

名義ですが，私はこの「山川乙男」という人とは一度も会ったことがありません。

この山川乙男さんからクレジットカードを使っていいよと了解を得たこともありません。

【注意事項】

☞①　クレジットカードの名義人との関係、同人からクレジットカードを使用する権限を与えられていないことを明確にする。

2　私がこの「山川乙男」さん名義のクレジットカードを手に入れたのは②

ヤマモト

と名乗る男からです。

今年の1月半ばころ，私が毎日のように行っていた

カーピカ

という洗車場に行ったとき，何度か顔を見たことがある「ヤマモト」から２万円で買ったものです。

私がカーピカにキャデラックの洗車のため行ったところ，ヤマモトという４０歳くらいの男が

スパナ持ってたら貸してくれ

などと言ってきたのです。

私は，工具類は車に積んでいなかったのですが，探しもしないでないなどと言うと相手に悪いと思ったので，一応探したふりをして「ありません。」と答えたのです。

するとヤマモトは私に

いい車乗ってるね

などと親しげに話してきました。

私は，しょっちゅう色んな人に同じようなことを言われていたので，い

【注意事項】

☞② クレジットカードの入手経緯につき、詳細に記載する必要がある。

つも謙遜する意味で

　　でも，結構ガソリン食うんですよね

などと答えていたので，この時も同じように答えました。

　するとヤマモトと名乗る男は

　　ガソリンカードあるよ

などと言ってきたのです。

　私は，それを聞いて一瞬何のことかなと思いました。

　ヤマモトと名乗る男は，私にカードを見せてきたのです。

　それを見て私は，他人名義のクレジットカードだと分かったのです。

　私はこれを見て

　　盗難カードでガソリンを入れたりしているという話を聞いたことが

　　あったので，もしかしてそのような類のカードなのかな

と思いました。

　そのため私は，ヤマモトと名乗る男に対し

　　大丈夫なのか

などと言い，盗難カードなどで警察に捕まったりしないんだろうなという意味で，ヤマモトに対し念押ししたのです。

　するとヤマモトは③

【注意事項】

☞③　当該クレジットカードの入手経路が不正なものであることの認識を明らかにする。

ガソリンスタンドで使って捕まった奴はいないよ

でも，買い物はやめたほうがいい

このカードはほやほやだからね

高速使えるよ

でも，心配なら使わない方がいいよ

などと言ってきました。

私は，これを聞いてやっぱり盗難などされたやばいクレジットカードなんだなと思うとともに，ガソリンスタンドで使えるなら便利だなどと思いました。

私は，車を４台持っていますが，特にキャデラックは１リッターあたり３キロ走らないこともあり，ガソリン代が月に１５万円くらいかかっていたのです。④

それでガソリンスタンドで使っても警察に捕まらないというのであれば，こんなにいいカードはないなと思ったのです。

それで，頭の中でそろばんを弾いていたとき，ヤマモトが

２万でいいよ

などと２万円で他人名義のクレジットカードを売ってくれると言ったきたので，また頭の中でそろばんを弾いていると，３回か４回ガソリン入れれば元が取れると思ったのです。

【注意事項】

☞④　犯行の動機を明らかにする。

もちろんこのヤマモトという男が詐欺師で，嘘の話をしているのではないかということも考えましたが「２万でいいよ」とかなり安い値段を言われたので，もし，詐欺にあっても２万円くらいならしょうがないという気持ちもあり，買うことにしたのです。

3　このヤマモトとは洗車場で顔を会わせるだけで，特に遊び友達というわけではないので，ヤマモトというのが本名なのか，何処に住んでいるのか，何の仕事をやっているのかなど全く分かりません。

しかし，もし，写真など見せて貰えれば，ヤマモトかどうかは分かります。

このクレジットカードは，私自身３０回くらい使っておりますし⑤，この他人名義のクレジットカードを買った相手方であるヤマモトに２回くらい貸しておりますし，

〇〇信夫

にも２，３回くらい貸したことがあります。

そのほか私の仕事の仲間△△

△△△△

にも１回貸したことがあり，私の仕事の若い衆に言って，軽油を買わせにいかせたこともありました。

ヤマモトからこの他人名義のクレジットカードを買った後，また，ヤマ

【注意事項】

☞⑤　同種犯行の常習性を明らかにすることは不可欠である。

モトと洗車場で顔を会わせたとき，ヤマモトから

大丈夫だったろ

などとこの他人名義のクレジットカードが店員にばれることなく使えただろうと聞かれたのです。

それで私は「うん」などと答えて，特にこの山川乙男名義のクレジットカードをガソリンスタンドで使ってもクレームなどは付けられなかったと答えたのです。

4　その後，今年の４月２日仕事の関係で○○方面に行ったのです。

その時⑥

そういえば産業道路のガソリンスタンドで□□□□のオイルをカードで買えたな

と思いました。

それでせっかく○○の方に出てきたのだから，山川乙男名義のクレジットカードを使って□□□□のオイルを買っていくことにしたのです。

私は，フェラーリという車が好きで，Ｆ１レースで走るフェラーリの車にアジップのマークがついているので，私の車にも□□□□のオイルを使おうと思い，欲しくなったのです。

また，他人名義のクレジットカードを使用すれば，自分のところに請求が来るわけではないので，値段を気にせず購入できるので買うことにした

【注意事項】

☞⑥　なぜ本件被害品を選んだのかを明確にする。

のです。

5　そして，産業道路沿いにあるガソリンスタンドに行きました。

ガソリンスタンドに着いたのは，午後９時２０分ころだったと思います。⑦

まず初めに車にガソリンを入れようと思い，店員に向かって「ハイオク満タン」などと言って，山川乙男名義のクレジットカードを示しながら，ガソリンを騙し取ろうとしたのです。⑧

店員は，他人名義のクレジツトカード，つまり，私が全く面識のない「山川乙男さん」名義のクレジットカードを見て，当然私が山川乙男さんだと思ったため，ガソリンを車の中に入れてくれました。

もし，私が山川乙男さんでないとばれていれば，他人名義のクレジットカードを使用してはいけないことは一般常識として誰でもわかっていることなので，店員は，私の車にガソリンを入れたりしなかったと思います。

しかし，特に店員からクレームを付けられることなくガソリンを私の車の中に入れてくれたので，店員は，私が山川乙男さんだと誤解したため，車の中にガソリンを入れてくれたのだと思っていました。

その後，私は□□□□のオイルを手に入れようと思っていたので，店員

【注意事項】

☞⑦　犯行日時・場所を特定する。

☞⑧　欺罔行為、その結果、被害者が錯誤に陥ったこと、その結果、被害者が商品を交付したことを具体的かつ詳細に記載する必要がある。

に対し

□□□□のオイルあったよね

と話しかけました。

私は，普通のお客のように「□□□□のオイルあったよね」などと店員に話しかけたので，店員は，私が普通のお客さんだと思ったため「はい」などと返事をしてきたのだと思いました。

私は，店員から返事を聞いて，店の中に入っていき，□□□□のオイルを探しました。

そして□□□□のオイルを見つけて，先程の店員のところに行き

オイルもカードで頼むよ

などと言いました。

店員は，私が「オイルもカードで頼むよ」などといかにも自分名義のクレジットカードを使って，後できちんと支払いをするような素振りを見せたので，それを信用したものと思います。

私は一旦店員にオイルを渡し，店員が給油機のところにあるレジにクレジットカードを通してオイルを売却する手続きをしているのが見えました。

私は，店員からオイルを受け取り，キャデラックの運転席の後ろにオイルを積み込んだのです。

そして，その店員から山川乙男さんの名義のクレジットカードを返してもらったので

⑨
今日もうまくいったな

店員は何も，疑っていない

などと安心しました。

6　ところが私に応対した店員よりも3，4歳年上の店員が来ました。

そして，私に向かって

ちょっと待って下さい

もう一度カードを貸して下さい

などと言ってきました。

私は，これを聞いて

やばい

疑っているな

でも，普通の客とかわらない行動をしたんだけど

などと頭の中でぐるぐる考えが浮かびました。

しかし，私はこれまで何度もこの山川乙男さん名義のクレジットカードをガソリンスタンドで使っておりましたが，特にばれることはなかったので，今回もばれないだろうと思い，店員にこのクレジットカードを渡したのです。

ところが，店員が，山川乙男名義のレジットカードを持って店内に入ってからなかなか外に出てこなかったのです。

【注意事項】

☞⑨　本件に及んでいるときの被疑者の心情を明らかにする。

それで私は，段々不安になり，店の中に入って店員の側に行き

何やってんの

駄目なら現金で払うよ

などと言いました。

すると，店員は

ちょっと待って下さい

１万円を超えた場合，承認を取らなければならないんです

などと言って，クレジットカードで１万円以上使用するとクレジット会社に承認を取らなければならないというような意味のことを言ったのです。

私はクレジットカードの会社に確認されたらまずいと思い

１万円超えてんの

などと聞きました。

私は，クレジットカードをもうすでに店員に渡してしまったし，クレジット会社から承認を取ると言われたので，私は，他人名義のクレジットカードを使用していることがばれ，警察に通報されているかもしれないなどと思いました。

それで私は，その場から逃げだしたのでした。

しかし結局，私が乗っていたキャデラックなどから足がついてしまい，警察官に逮捕されたのです。

この時のスタンドの店員は，私が普通の客のように「ハイオク満タン」などと言いながら，クレジットカードを提出したことから，そのクレジッ

トカードの名義人と私が同じ人だと思いこみ，そのためガソリンやオイルを渡してくれたのに間違いないと思います。

甲野太郎　(指印)

上記のとおり録取して読み聞かせたところ，誤りのないことを申し立て署名指印した。

前　同　日

○○警察署

司法警察員　巡査部長　○○○○○(印)

第9章　横　　領

1　事案の概要――業務上横領

1　被疑事実の要旨

被疑者は，平成２２年５月１４日から○○県○○協会の会長会社であった株式会社△△の代表取締役として，同協会の会費等の徴収，現金・預金の保管管理等の業務に従事していたものであるが，同３０年４月２７日から同年７月２７までの間，別紙犯罪事実一覧表記載のとおり，前後７回にわたり，××県××市××３丁目××番××号所在の同社△△事務所において，Ａ銀行■■支店等に開設していた○○県○○協会名義等の定期預金及び普通預金の口座を解約あるいは払い戻した現金合計８２２万円を同協会のために預かり保管中，いずれも同所において，ほしいままに，自己の用途に費消する目的で，これを着服して横領したものである。

2　該当法条

刑法253条

（横領）

第252条　自己の占有する他人の物を横領した者は、5年以下の懲役に処する。

2　自己の物であっても、公務所から保管を命ぜられた場合において、これを横領した者も、前項と同様とする。

（業務上横領）

第253条　業務上自己の占有する他人の物を横領した者は、10年以下の懲役に処する。

（遺失物等横領）

第254条　遺失物、漂流物その他占有を離れた他人の物を横領した者は、1年以下の懲役又は10万円以下の罰金若しくは科料に処する。

（準用）

第255条　第244条の規定は、この章の罪について準用する。

※参考

（親族間の犯罪に関する特例）

第244条　配偶者、直系血族又は同居の親族との間で第235条の罪、第235条の2の罪又はこれらの罪の未遂罪を犯した者は、その刑を免除する。

2　前項に規定する親族以外の親族との間で犯した同項に規定する罪は、告訴がなければ公訴を提起することができない。

3　前2項の規定は、親族でない共犯については、適用しない。

（身分犯の共犯）

第65条　犯人の身分によって構成すべき犯罪行為に加功したときは、身分のない者であっても、共犯とする。

2　身分によって特に刑の軽重があるときは、身分のない者には通常の刑を科する。

2　取り調べるべき事項

「**横領**」というのは、自分が占有している他人の財物を、自分の所有物と同一の支配下に置くことをいう。預かり金の無断使用、借りた本を無断で古本屋に売ることなどがこれにあたる。

横領の罪には、「**横領罪**（252条）」、「**業務上横領罪**（253条）」、「**遺失物等横領罪**（254条）」がある。横領罪、業務上横領罪は、他人との委託信任関係を破る性質があるのに対して、占有離脱物横領罪にはそのような性質がない。

「業務上横領」は、集金横領や会計係が仕事のうえで預かっていた金を使い込んだように、業務上、自分が所持している他人の物を横領した場合である。**「業務」**とは、人が社会的地位に基づいて継続的に従事する仕事をいい、**「業務上の所持」**というのは、他人の物の占有、保管を内容とする業務によって所持した場合に限らず、業務に関して他人の物を所持すればよいのであるから、どんな業務でも、それに関して他人の物を預かれば業務上の保管となる。

業務上他人の物を占有する者とそういう地位にない者とが共謀の上、他人の財物を横領した場合には、65条1項により、両名とも業務上横領罪の共同正犯となり、その上で、身分なき者は65条2項により、単純横領罪で処断される。

被疑者に犯行時の地位、身分、雇傭関係、業務内容を供述させて、これを録取しなければならないが、これらは単に情状に影響するだけでなく**「単純横領」**か**「業務上横領」**かを区別するうえにおいても重要である。

また、被害者との関係は、親族相盗例（244条）の適用の有無に関係する事項というだけでなく、不法領得の意思の有無の認定資料になるから注意を要する。

次に、占有開始にあたっての委託の趣旨、契約内容如何は、犯罪の成否に大きく影響し、その点に関する供述をしっかり聞いておかないと、後日弁解が出て来たときに事実の真相を把握する資料がないという事態を招来するおそれがある。

「処分行為」についても、**「不法領得の意思」**がないと犯罪が成立しないから、処分について所有者や委託者に無断でやったということだけでなく、自己または第三者の利益を得るためにやったことを明確にしておく必要がある。

従来よくあるのは、占有を開始した点を詳細に聞いておきながら、横領の日時、場所、横領方法の特定を忘れた欠陥供述調書である。処分行為が行なわれたときに、犯罪行為の着手や実行行為、さらにはその終了があることを忘れてはならない。

1 犯人が占有（所持）するに至った事情

横領の対象は、自分が所持している他人の物や、公務所より保管を命ぜられた自分の物である。所持というのは占有と同じ意味であるから、事実支配のほかに法律的支配を含むが、他人の物を所持するようになった原因として、委託信任関係が存在することが必要である（委託信任関係を伴わない、つまり占有者の意思によらずにその占有を離れ、盗品でもない物を横領したときは、占有離脱物横領となる）。

① 業務の種類、態様、業務行為の及ぶ範囲

② 業務関係の発生した原因・委託契約の内容

③ 業務に従事していた期間

④ 占有（所持）をはじめた原因

⑤ 占有（所持）の状態

⑥ 報酬謝礼の有無

2 占有（所持）物は、他人の物または公務所より保管を命ぜられた自己のものであること

① 占有（所持）の目的物の特定

② 委託者が所有者かどうか、特に委託販売の場合は所有権が被疑者に移っていないかどうか（委託は名目で、真実は被疑者が買ったものであるという主張が後になって出されることもある）

③ 不動産の場合、委託者は登記簿上の権利者か、事実上の権利者か（そのいずれでも横領になるが、場合によっては、占有自体が争われて説明がつかなくなる可能性がある）

3 客 体

① 横領の目的物の種類、数量、価格

② その所有者

③ 公務所より保管を命ぜられた自己のものであるときは、その具体的事実

4 横領行為

権限がないのに、自分の所有物と同一の支配状態におくことであって、不法領得の意思が外部から認められるだけの行為があることを必要とする。横領行為には、共有物の独占横領、金銭の消費横領、他人に交付する横領、貸与する横領、拐帯横領、着服横領、搬出横領などのような事務的処分をする横領と、売却横領、贈与横領、交換横領、入質横領、抵当権設定横領などのように法律的処分をする横領がある。

① 態様（売却、着服、入質、費消、拐帯、貸付、返還、拒絶など）

② 着手および完了の日時、場所

③ 現金、預金等の横領については、最終的な使途先までの金の流れ

④ 犯跡隠ぺい行為とその内容

5 その他

① 不法領得の意思のあったこと

② 犯人と所有者、または被害者との関係、とくに親族関係の有無

③ 将来、主張すると考えられ得る弁解を排斥するとの認識

④ 示談状況

⑤ 費消横領の場合は、その日時、場所の確定、一時使用許可の有無

⑥ 拐帯横領の場合は、その場所的関係を明確にする

⑦ 着服横領の場合は、その意思が外部に表われた具体的な事実を特定する

⑧ 背任（247条）に該当するのではないかの検討

3　供述調書の書き方――その1

本　籍　東京都

住　居　不定

職　業　無職　　　　電話　　　局　　　番

氏　名　甲野太郎

昭和○○年○月○○日生（○○歳）

上記の者に対する業務上横領被疑事件につき，令和○○年○月○○日○○警察署において，本職は，あらかじめ被疑者に対し自己の意思に反して供述をする必要がない旨を告げて取り調べたところ，任意次のとおり供述した。

1　私は，平成３０年４月から７月にかけて，７回にわたって，○○県○○協会の資金を預金していた銀行の口座から合計８２２万8,７９４円を払い戻し，当時私が代表取締役社長をしていた株式会社△△の運転資金に流用しました。

流用した金額について，その後一切返済していないことも間違いありません。

これからそのことについて話します。

なお，○○県○○協会については，これから単に協会，△△株式会社については，単に△△などと言って話します。

2　私が協会資金を△△の運転資金に流用した日時や額については，正確なところは覚えていませんでしたが，自分の頭の中では総額でいくらくらい使ったかなどおおよそ覚えており，それらの流用が協会側に発覚したあと，私のところで保管管理していた協会用の預金通帳や帳簿などを協会の副会長会社の役員で協会担当者だった甲部長と乙専務の２人に渡して調べてもらい，全部で7回，総額で８２２万8,７９４円であったことは私も確認[①]しました。

協会からの告訴によると

最初が

平成３０年4月２７日に，

A銀行■■支店の○○県○○協会○○名義の定期預金口座6口座を解約して払い戻した分が，

合計５７０万8,７９４円

以下，順に

平成３０年6月９日に，

A銀行■■支店の○○県○○協会○○名義の普通預金口座から

６２万円

平成３０年6月１６日に，

A銀行の同じ口座から

４０万円

平成３０年6月２２日に，

【注意事項】

☞①　業務上横領の場合、横領行為が多数回にのぼる場合も多いので、横領日時や金額につき、逐次被疑者に確認した上、それらが被疑者の記憶とも合致することを調書上明らかにしておく必要がある。

Ａ銀行の同じ口座から,

４０万円

平成３０年７月１０日に,

Ｂ信用金庫■■支店の○○県○○協会○○名義の普通預金口座から,

２０万円

平成３０年７月２１日に,

Ｂ信用金庫の同じ口座から,

３０万円

平成３０年７月２７日に,

Ａ銀行の先ほどの口座から,

６０万円

をそれぞれ払い戻して流用したということですが，初回の５７０万円余りの払い戻しと２回目の６２万円については私も覚えており，また，その後の５回分についても，私の記憶でも時期的にそのようなものでしたし，金額についてもそれぞれ覚えがあるので，それに間違いありません。

3　②これらの普通預金口座は，○○県○○協会の設立準備を始めた平成２２年４月に，当時設立委員会の幹事長をしていた私が，協会の資金の保管・

【注意事項】

☞②　被疑者の業務性を明らかにする上で、被疑者の勤務する会社等の業務内容、被疑者のその中での位置づけ・仕事内容・業務上の権限・現金預金等についての保管状況等を詳細に録取する必要がある。

管理のために開設した口座で，その後平成２２年5月１４日に正式に協会が発足して，私が協会の会長職に当たることになって以降，ずっと私のもとで通帳や印鑑などを管理して，その保管・管理に当たっていたものです。

○○県○○協会は，○○工法の普及や技術者の育成等を目的として，○○工法を手がけている業者を集めて設立したもので，代表者が替わっても会員に変動のないようにもともと法人そのものを会員としています。

そのため会長にも，△△という法人が選任されていたわけですが，その職務については，会長会社である△△の代表者の私が職務を行うことになっていたため，協会設立以来私が会長職を行っており，また，○○県○○協会自体は，社団法人◎◎協会の○○支部としての位置づけで独立の法人とはなっていなかったため，協会設立後も私名義の口座で協会の資金を保管・管理していたものです。

4　また，4月２７日に解約した定期預金口座は，○○県○○協会独自の事務局を設けるための資金として平成２４年度から積み立て初め，初年度は５０万円，以後毎年度１００万円ずつ積み立てていたもので，同じく私の元で保管・管理していたものです。

これは，○○県○○協会では，もともと独自の事務局というものがなく，設立以来，会長会社であった△△内に協会専用の電話を置いて，△△の社員に事務局の仕事を担当させていたのですが，協会事務の負担が大きかったことなどから，いずれ事務所を借り受けて専門の職員を雇って独立した事務局を設けるための積み立てていたものでした。

5　今回③の合計８２２万円余りの協会資金の流用は，△△の資金繰りに窮してやったことで，悪いこととは分かつていましたが，△△を倒産させないためにやむを得ずやったことでした。

私は，平成２２年から平成３０年までの５期９年間，○○県○○協会の会長職にあったわけですが，協会の資金を流用したことなどはそれまで一切なく，平成３０年の流用が最初で最後です。

協会④の資金については，毎年度初めに，協会で事業計画を立てて，それに従って支出されているもので，もともと会員への貸し出しや立て替え払いなどは全く予定しておりませんでした。

実際の支出も，通常は，協会の各事業部会で事業を執行する際に，各部会長から事務局担当者に請求書を回し，それに基づいて事務局担当者が支払いを済ませて領収書を受け取るような扱いになっていました。

また，△△でも平成２９年度までは，協会の資金を流用するような必要もなく，私もそのようなことは考えてみませんでした。

ところが，平成２９年の終わりころから，その年に発覚した社内での架空売上の計上などのいろいろな事情が重なって△△の資金繰りが苦しくなっていたところ，さらに平成３０年４月ころからは工期の遅れで予定し

【注意事項】

☞③　動機や金員に窮するようになった経過につき、明らかにする必要がある。

☞④　金の一時流用が許されていなかったことを押さえておく必要がある。

ていた入金が遅れたことなどから資金繰りがさらに逼迫した状態になり，毎日の支払手形の決済に追われて，他に方法がなく協会の資金に手をつけてしまったのでした。

△△では，設立当初から毎月の入出金の予定表を作り，それに従って各種の支払いを行い，また，支払手形の決済のための当座預金を確保するようにしていたのですが，元々自己資本比率が低くて資金繰りが楽ではなかったところ，この平成３０年４月ころからは毎日の資金繰りに追われるような状態で，予定表に計上していた顧客などからの入金が一つ遅れてしまうとその後の支払い計画はもとより，当日の手形の決済も間に合わなくなるような状況になっていました。また，その当時は，平成２９年末ころからの資金繰りで，私個人の預貯金などはほとんど使っていた上，借り入れが出来るところは全て借り入れしており，すぐに必要な金を用意できるような状況ではなくなっていました。

それで，資金繰りに困った挙げ句，○○県○○協会の預金に手を付けていったのです。

6　最初⑤の４月２７日のときは，当日までに，私やその他の△△の役員で3,０００万円前後の金を用意する必要があったところ，当日までに５００万円くらいがどうしても用意できず，それで協会の定期預金が

【注意事項】

☞⑤　最初に横領行為に手を染めるときの経緯、そのときの心情等は、特に具体的に録取するとよい。

五百数十万円あったことを思い出し，当時協会の事務局を担当させていた△△の社員のCに指示して，定期預金を全て解約させ，これを資金繰りに当てたのです。

協会の定期預金のことを思い出して，すぐにC君のところに行き，C君に

⑥協会の定期預金が５００万円くらいあるはずなんだけど。

手形が落ちないから降ろしてきてくれないか。

ちょっと貸してくれ。

すぐに返すから。

などと言って，定期預金を解約してくるよう指示しました。

問　そのときCさんに4，5日したら返すと言った覚えはないですか，

答　覚えていません。

もしかしたらそのようなことを口にしたかもしれませんが，私が「ちょっと貸してくれ」と言ったのを，4，5日というようにC君が受け取ったのかもしれません。

問　4，5日で返せるような状況だったのですか。

答　それは無理でした。

月末も控えていましたし，5月の連休も控えており，1か月や2か月は穴

【注意事項】

☞⑥　横領行為をした際の具体的な状況、部下を利用したような場合にはそのときの指示内容、部下の言動等を詳細に録取する。

埋めできない状況だったと思います。

C君は困っているような様子でしたが，私としてもその金がなければ不渡を出してしまう切羽詰まった状態でしたので，最後は社長からの命令として指示しましたので，C君も否応なくすぐに預金を降ろしに行ってくれました。

⑦
C君が降ろしてきた５７０万円余りについては，私がC君から銀行の袋に入ったそのままの状態で受け取り，その中から５７０万円を取り出して，経理の女性に渡し，袋の中に入っていた明細書や端数分をそのままC君に渡して金庫に保管しておくように指示しておきました。

このときは，C君に頼んだのもC君から受け取ったのも当時○○にあった△△の工務部の部室内でした。

私から経理の者に渡した５７０万円については，経理の担当者が当日中にA銀行■■支店の△△名義の当座預金かB信用金庫■■支店の△△名義の当座預金のどちらかの口座に入金しています。

7　私は，この4月２７日の５７０万余円を初めとして，以後6回にわたって協会の金に手を付け，協会資金として保管していた普通預金口座から合計２５２万円を降ろしていったわけですが，いずれも私からC君に命令して降ろさせてきたものでした。

【注意事項】

☞⑦　横領行為の日時・場所、横領行為の態様、横領した金員をどうしたか、使途先等、金の流れについて、預金口座の払出状況、入金状況等の客観的証拠をよく検討した上で、具体的に録取する。

　また，これらについても，ほとんどは私がＣ君から直接受け取って私から経理の者に渡しましたが，Ｃ君に指示して直接経理の人間に渡させたことが１回くらいあったような気がします。

　これらのお金も全て△△の資金繰りのために使ったもので，いずれも協会の口座から降ろした当日に，Ａ銀行■■支店かＢ信用金庫■■支店の△△の当座預金口座に入金されています。

　私が協会の資金に手をつけたときは，全て△△の支払手形の決済資金が足りないということを経理の人間に言われて，当日不渡を出さないために手を付けていったもので，協会の口座から降ろさせた金は，そのまま経理の人間に渡してありましたので，Ａ銀行かＢ信用金庫の２つの当座預金口座のどちらかに入金されていることは間違いありません。

　ただ，協会の口座から降ろしてきた分は，当日の決済の不足分に当てるためでしたので，そのままの金額ではなく，他から用意してきた金と併せて入金されていることもあると思います。

甲野太郎　㊞（指印）

上記のとおり録取して読み聞かせたところ，誤りのないことを申し立て署名指印した。

　前　同　日

　　　　　〇〇警察署

　　　　　　　　　司法警察員　巡査部長　〇〇〇〇〇㊞

4 供述調書の書き方――その２

本　籍　東京都

住　居　不定

職　業　無職　　　　電話　　　　局　　　　番

氏　名　甲野太郎

昭和〇〇年〇月〇〇日生（〇〇歳）

上記の者に対する業務上横領被疑事件につき，令和〇〇年〇月〇〇日〇〇警察署において，本職は，あらかじめ被疑者に対し，自己の意思に反して供述をする必要がない旨を告げて取り調べたところ，任意次のとおり供述した。

1　私が，〇〇県〇〇協会の定期預金や普通預金から払戻した現金合計８２２万円を△△の運転資金に流用したことについては，これまでお話ししたとおりです。

2　私は，平成２２年５月１４日から〇〇協会の会長職にあり，協会の会員から入金される入会金や会費などの管理にあたっており，それらの資金がどのように使用されるのかも分かっていました。

最初に解約して払い戻した定期預金については，協会独自の事務所を設立するための設立準備金として積み立ててあったものですし，また普通預金についても，協会の研修会や新聞広告などのために使用されるもので，今回私が協会の資金を使い込んでしまったためそのような協会の活動に支障をきたしたということは十分わかっています。

3　〇〇協会設立以来，協会の事務局については，総会で会長会社である△

△に置くことにされ，また，協会資金の管理についても会長会社に一任されており，会長の私がこれを管理していたわけです。

ただ実際の事務等については，△△の社員に担当させており，これまでCなどに任せていました。

協会の通帳や私名義の印鑑なども普段はそれらの担当者に預けており，通帳などについては決算前の時期に確認する程度でしたが，今回の件が発覚した後，協会の幹事と一緒にその通帳などを見て流用した払戻額などを確認しています。

⑧
このとき本職は，供述人に対し，司法警察員が△△から押収したクリアファイル在中のA銀行■■支店の「○○協会」名義の普通預金通帳を示し，その写しを資料1として本調書末尾に添付することにした。

4　この通帳が協会の資金を預金していたA銀行の通帳に間違いありません。

ここに記載してある平成３０年6月9日の６２万円

同月１６日の４０万円

同月２２日の４０万円

同年7月２７日の６０万円

の払戻し分が流用分に間違いありません。

このとき本職は，供述人に対し，司法警察員が△△から押収したクリアファイ

【注意事項】

☞⑧　横領した金員の流れについては、それを裏付ける資料（例えば、預金口座の金の出入りを表す預金通帳の写しなど）を被疑者に示して具体的に説明させ、その資料を調書末尾に添付するのがよい。

ル在中のＢ信用金庫■■支店の「○○協会」名義の普通預金通帳を示し，その写しを資料２として本調書末尾に添付することにした。

この通帳が同じく協会の資金を預金していたＢ信用金庫の通帳に間違いありません。

これについても

平成３０年７月１０日の２０万円

同月２１日の３０万円

の払戻し分が流用分です。

このとき本職は，供述人に対し，司法警察員が△△から押収したクリアファイル在中の「○○協会」宛の定期預金利息計算書６枚を示し，その写しを資料３として本調書末尾に添付することにした。

これらの利息計算書がＡ銀行■■支店に預けてあった協会の定期預金を解約して払い戻してきたときのものです。

これについてはＣ君から払い戻してきた現金を受け取ったときにも見た覚えがあります。

これらからも，

平成３０年４月２７日に合計約５７０万円

を間違いなく払い戻してきたのが分かります。

５　以上のうち定期預金の端数分を除く合計８２２万円について，△△の本部管理部の経理の者に渡して，△△の資金繰りに流用したことはこれまでお話ししたとおりです。

全て私自身でC君から受け取って経理の社員に渡したように記憶していましたが，C君の方で一度経理に渡したことがあるというのならばそういうことがあったのかも知れません。

経理の方で私に確認せずに勝手に入金処理をすることはありませんし，伝票等を起こしておく必要があるので，当然私から何らかの指示をしていたことは間違いないと思います。

いずれにせよ協会の預金から払い戻してきた現金については，いずれも私から本社経理部にいったん入金した上で，会社の資金繰りにあてたことは間違いありません。

6 協会⑨の資金を△△の資金繰りにあてたことについては，この件が協会に発覚した後，私からその流用を認める旨の文書を協会に提出しています。

このとき本職は，供述人に対し，司法警察員が△△から押収したクリアファイル在中の「○○協会殿」と題する書面を示し，その写しを資料4として本調書末尾に添付することにした。

この文書が私が協会に対して提出したものに間違いありません。

協会の資金の流用について協会の幹事の甲さんや乙さんから最初に確認されたときには，穴があったら入りたいような気持ちで，すぐに認めることは出来ませんでした。

【注意事項】

☞⑨ 犯行後、被害者との間で自らの犯行を認めるような行動に出ているときには、その点を明らかにしておく必要がある。

それまで協会の会長として信頼されている立場にありながら協会の資金に手をつけてしまったわけで言い訳のしようもなく，どうせ会社が倒産するんだったら協会の金に手をつけなければよかったという心境でした。

また，協会の本部の方にもお世話になった方が多く，会わせる顔がないと思いました。

ただ，協会の資金を私の方で流用したことは隠しようもない事実でしたので，私が自分で責任を取るほかないと思い，協会の通帳等を甲さんたちに渡して協会のお金に手をつけたことを認め，甲さんたちに通帳や帳簿等を元に流用分を確認してもらうことにしました。

その後，甲さん達がこの資料4の文書の原稿や通帳などを持ってきましたので，私もその通帳や利息計算書などを改めて確認した上，流用分の金額に間違いないことを確認して，この文書に署名し，印を押したものです。

7　⑩このときは流用分について何とかして返済するしかないと思っており，また，甲さん達にも返済の約束をしていたわけですが，会社が倒産したばかりで具体的な資金の当てはなく，結局，その後も金を用意できないまま，すでにお話ししたように，ハワイのマンションを売却するなどという苦し紛れの嘘を言って引き延ばしたりしていたのですが，その後も資金の余裕がないままずるずると今日に至りました。

このとき本職は，供述人に対し，司法警察員が△△から押収したクリアファイ

【注意事項】

☞⑩　犯行後の弁償の有無についても明確にしておくべきである。

ル在中の上申書写し及びＦＡＸ通信書写しを示し，その写しを資料５及び６として本調書末尾に添付することにした。

この資料５の上申書が私がハワイのマンションを売却するなどという内容で協会に対して提出した文書です。

このころは既にこのマンションは売却してあり，ここに記載してあるのは返済を猶予してもらうための嘘の言い訳にすぎません。

次に，資料６のＦＡＸ通信書については，私が弁護士の先生と相談して，分割払いで返済する方法を協会側に提示してもらったときのものです。

これについては，○○サービスを動かして毎月２０万円くらいであれば資金の余裕が出るのではないかという見込みで，先生と相談して送ったものですが，翌月ころに弁護士費用を払えずに私の方の先生が辞任されてしまい，この話は立ち消えになってしまったものでした。

私の方で引き続き協会側と交渉すればよかったのですが，私自身この件から逃げていた形で，そのまま放置してしまいました。

甲野太郎　(指印)

上記のとおり録取して読み聞かせたところ，誤りのないことを申し立て署名指印した。

前　同　日

○○警察署

司法警察員　巡査部長　○○○○○(印)

第10章　恐　　喝

第1項　恐　喝――暴力団の名をかたる

1　事案の概要

1　被疑事実の要旨

被疑者は，山川乙子（当○○歳）と肉体関係を結んだことを奇貨として，同人から金員を喝取しようと企て，令和○○年５月２日午後３時ころ，東京都○○区○○町○番○号喫茶店「○○」において，同人に対し，「帰ってもいいが，俺にも考えがある。お前の浮気を旦那にばらすぞ。」「住所なんか調べればすぐ分かる。俺には，若いもんがたくさんいる。そいつらにお前の旦那と話を付けさせる。」「３０万円で手を打とう。明日までに用意しろ。」などと申し向けて金員の交付を要求し，もし要求に応じないときは同人の名誉等に危害を加えかねない気勢を示して脅迫して，同人を畏怖困惑させ，よって，翌３日午後３時ころ，同喫茶店において，同人から現金３０万円の交付を受けてこれを喝取したものである。

2　該当法条

刑法第249条第1項

(恐喝)

第249条　人を恐喝して財物を交付させた者は、10年以下の懲役に処する。
2　前項の方法により、財産上不法の利益を得、又は他人にこれを得させた者も、同項と同様とする。

（未遂罪）

第250条　この章の罪の未遂は、罰する。

（準用）

第251条　第242条、第244条及び第245条の規定は、この章の罪について準用する。

※参考

第242条、第244条の条文は☞P.125参照。

2　取調べるべき事項

本罪は、人を恐喝して財物を交付させ又は財産上の利益を取得すること、すなわち、害悪を告知して相手方を畏怖困惑させ、その畏怖困惑に基づいて、財物の交付や財産上の利益処分行為を任意に行わせ、これを取得することにより成立する。

客体は、財物または財産上の利益で、財物の中には不動産を含む。また、自分の物であっても、他人が所持している物または公務所の命によって他人が看守している物は客体となる（第251条）。

「**恐喝**」とは、財物の交付（ないし財産上の利益処分行為）をさせる目的で行われる相手の反抗を抑圧するに至らない程度の脅迫行為（害悪の告知）であり、暴行も害悪の告知の一態様と解されている（最決昭33・3・6刑集12・3・452）。

その「**害悪**」は、人の生命、身体、自由、財産に対するものが通常ではあるが、これに限らず、相手方の名誉を毀損し、社会的信用や地位を失墜させ、または家族の平和を破壊するような措置をとるかもしれない旨の告知など、人をして畏怖の念を生ぜしめるものであればよい。また、その害悪が実現できるものである必要はないし、告知の方法にも制限はない。

債権の取立てのように、正当な権利を行使する過程での脅迫・暴行については、それが社会通念上一般に容認される程度を逸脱した場合には、債権額いかんに関わらず交付額全額について恐喝罪が成立するというのが判例（最判昭30・10・14刑集9・11・2173）である。

このように、恐喝罪は、脅迫罪や暴行罪とは異なり、脅迫や暴行が財物の交付（ないし財産上の利益処分行為）の手段として行われる必要があるが、実際の事案では明示的な金銭要求行為は少なく、黙示的なものにとどまっている場合も多く、被疑者が

「腹が立ったから謝罪を要求しただけで、金を要求したわけではない。」

といった弁解がなされる場合がある。

また、犯人や犯人の所属団体の威力を利用した黙示の脅迫手段を用いた場合には、犯意を録取することが難しく、

「金銭を受け取ったのは間違いないが、脅したのではなく、世話をしたお礼として受け取ったにすぎない。」

などと犯意を否認されることも多い。

このような場合には、被害者とのこれまでの交際状況、犯人の性格、経歴、生活環境、犯行日時、場所、犯行前の状況も踏まえた上で犯行時の言動、これによって相手方が受け取った、ないし通常受け取るであろう意味、犯行後の状況などを具体的かつ詳細に録取して弁解を排斥し得る材料を集めておくことが大切である。

さらに、恐喝の手段としての脅迫または暴行は、その程度が相手方の反抗を抑圧するまでに達すると、もはや恐喝ではなく強盗となるから、その程度

を明確にしておく必要がある。

たとえば、手拳で殴られた、短刀を突きつけられた、暴力団員に周りを取り囲まれたといった場合、それだけでは恐喝なのか強盗なのかは判断が付かないから、犯行場所や時間帯、犯人と被害者の体格差、面識の有無、人数、犯行前後の状況、暴行脅迫の長さと程度、所属団体の威力の利用がどのように行われたかなどの点について十分意を用いて供述調書の中で録取する必要がある。

「財物の交付」ないし**「財産上の利益の提供」**は、犯人の脅迫・暴行によって畏怖困惑した結果としてなされることが必要であり、犯人が脅したつもりでも、被害者がかわいそうに思って金を恵んだような場合には未遂である。したがって、相手方の畏怖困惑の有無、程度については、単に「怖かった」というだけでなく、もう一歩踏み込んで、

「身の毛がよだつように怖かった」

とか

「怖くて歯ががたがたした」

というように、その程度を具体的に録取するとともに、畏怖困惑と財物の交付の因果関係についても具体的に録取しておく必要がある。

また、被害者の弱みにつけ込んだ恐喝については、弱みが真実であるか否かについてしっかり裏付け捜査をしておくことも忘れてはならない。

さらには、財物交付ないし利益の提供は、表向きは、謝礼、貸金、運動費、情報提供料など、様々な名目をもって行われるのが普通であるから、本当は脅されて困ったあげく、本来渡さなくていい財物や利益を不本意ながら渡したものであることを明確に録取しておく必要がある。

なお、脅迫行為に欺罔行為が含まれているときには、行為自体の外形から判断し、それが相手方を畏怖させるための一材料にすぎない場合には、恐喝

罪のみが成立し（最判昭24・2・8刑集3・2・83)、両手段を用いて財物を交付させたときは、恐喝罪と詐欺罪が成立する（大判昭5・5・17刑集9・303）と解されているから、実際の捜査では、財物を交付させた決定的要因は何かを慎重に吟味する必要がある。

1　犯人の悪性

①　日ごろの素行、交友関係、通称名

②　性格

③　前科とその内容

④　暴力団員であるときは、その団体名、団体内の地位、団体の活動状況

2　故　意

①　それを生じた原因、動機

②　時期及びその内容

3　行　為

①　告知した言葉や態度、暴行の具体的内容とその意味、程度（日時、場所等周囲の状況も）

②　財物の交付あるいは財産上の利益を得る手段として行なったこと

③　凶器を使用した場合には、その準備状況と使用状況

④　犯人の経歴などを利用した場合には、利用の具体的状況

4　被害者の畏怖

①　どんな点に畏怖を感じたか、どの程度畏怖したか

②　被害者の弱点を利用した場合には、その真偽と犯人がそれを知った事情

③　脅迫または暴行と畏怖との因果関係

5　財物の交付または財産上の利益の提供

①　直接か、第三者を通じてか、その態様

②　数量、価格またはその金額、財産上の利益については、その価値

③　反対給付の有無及びその具体的事情

④　畏怖と交付の因果関係

⑤　犯行後の行動

6　その他

①　犯人の被害者との交友または面識の有無及びその程度

②　脅迫・暴行を受けた者と財物の交付者とは同一人か別人か、別人であれば、その関係

③　害悪を告知した者と利益を受けた者は同一人か別人か、別人であれば、その関係

④　犯人の行為が権利関係に基づくものかどうか

⑤　恐喝の常習性の有無、過去の犯行の手口

⑥　犯行発覚の経緯、被害届を出した理由

⑦　示談成立の有無、成立していればその日時、場所及びその内容、特に、被害者が示談するに至った理由

⑧　処罰希望の有無及びその理由

3 供述調書の書き方

本　籍　○○県○○市○丁目○番○号

住　居　不定

職　業　無職　　　　　　　　　　電話　　　　局　　　　番

氏　名　甲野太郎

平成○○年○月○日生（○○歳）

上記の者に対する恐喝被疑事件につき，令和○○年○月○○日警視庁○○警察署において，本職は，あらかじめ被疑者に対し，自己の意思に反して供述をする必要がない旨を告げて取り調べたところ，任意次のとおり供述した。

1　これから，私が今年の5月の連休に山川乙子という女性から現金３０万円を脅し取った状況について正直に話します。①

2　はじめにこの事件を起こすようになった原因から話します。②

今年の３月初めころだったと思います。私は，立川競輪に行って５万円ばかりもうけましたので，帰りに新宿に寄り，歌舞伎町にあるラーメン屋で食事した後，午後６時ころ，近くにあるテレクラに入りました。

私は，そこで電話に出た山川乙子と名乗る女と話が合い，新宿駅近くの○○という喫茶店で待ち合わせをして会う約束をし，午後７時ころ，その

【注意事項】

☞①　はじめに自白調書であることを明らかにしておく必要がある。簡潔かつ具体性のある記載を心がけるべきである。

☞②　犯人と被害者が知り合った経緯である。

喫茶店で女性と落ち合いました。

その女とはこのときが初対面でした。私は，適当に思いついた「山本」と名乗って世間話をしました。

その女は，２０代の後半位に見え，最初は独身かと思いましたが，女は，歳は３０歳で，夫は印刷会社に勤めており，出張で今日は留守であるなどと話しておりました。

私は見栄を張るつもりで，貿易関係の事業をやっているとか，やくざの幹部ともつきあいがあるなどと適当な話をしました。

しばらく喫茶店で話をした後，私が女をホテルに誘うと，すんなりオーケーしてきたので，私は，その女と名前は忘れましたが，歌舞伎町にあるラブホテルに入り，1回セックスをしました。

女は

　　テレクラに電話していることも夫には内緒なので，ばれると大変だ

と言っておりましたが，帰り際，お互いの携帯電話の番号を教え合ってその日は別れました。

その後，2度ほど女と会ってセックスをしたものの，4月に入ると，女は私が誘っても都合が悪いと言って会ってくれなくなりました。

そして，4月の終わりころ，私が女の携帯電話に電話すると，女は

　　もう会いたくない。電話もしてもらっては困る。

と言って一方的に電話を切ってしまい，その後は，何度電話をしても留守番電話になってしまいました。

私は，女にこけにされたと思うと，頭に来てしまい，こうなったら夫に内緒で浮気していたことをネタにその女から金を巻き上げてやろうという悪い気を起こしてしまいました。③

3　それで，確か5月の連休の前の日でしたから5月2日の朝だと思うのですが，私は，女の留守番電話に

　　３時にこの前の喫茶店に来い。

　　来なかったらこちらにも覚悟がある。

と伝言して，歌舞伎町の喫茶店に行き，女を待っていました。④

私は，女が来るかどうか半信半疑でしたが，約束した時間どおり，午後３時ころ女は喫茶店にやってきました。

私が女に

　　どうして会ってくれない。

　　電話にも出ないで，その態度はなんだ。

　　俺をこけにする気か。

と言うと，女は

　　テレクラのチラシを見つけられて，夫に疑われている。

と答え，その後は，女はとにかく二度と会いたくないという一点張りで，そのうちに

【注意事項】

☞③　犯行の動機及び犯意を生じた状況である。

☞④　因縁を付けるための準備行為である。

時間がないから帰してほしい。

と言い出しました。

私は，女の口振りから，私と関係したことまでは旦那にばれていないと思い，これなら脅して金を巻き上げられると思い⑤⑥

帰ってもいいが，俺にも考えがある。

お前の浮気を旦那にばらすぞ。

とわざと低い声ですごんでやったのです。⑦

すると，女はさっと顔色が変わり，明らかに動揺した様子で⑧

いやです。

それだけは勘弁して下さい。

と言うので，私は

住所なんか調べればすぐ分かる。俺には，若いもんがたくさんいる。そいつらにお前の旦那と話を付けさせる。

とたたみかけて脅してやりました。

【注意事項】

☞⑤　ここからが実行の着手である。金を手に入れるための手段として脅していることを明確にする。

☞⑥　実行行為としての言葉のやり取りは重要であるから、調書が長くなっても要約せず、ありのまま録取する必要がある。

☞⑦　言葉の内容だけではなく、相手を畏怖させるため取った口調や態度についても録取しておく。

☞⑧　被害者が畏怖した状況についても具体的に録取する必要がある。

私はやくざ者ではありませんし，女の住所も分かりませんでしたが，前にやくざ者と関係があるようなことを話していたので，このように言えば相手は本当に私がやくざと関係のある人間であると思い，もっとびびって金を出すと思ったのです。⑨

すると，女は，案の定，泣き出しそうな顔になり

家に来られては困ります。

勘弁して下さい。

どうしたら許してくれますか。

と言いましたので，私は，金のことを自分から言い出してはまずいと思い

そんなことは自分で考えろ。

と言うと，女は

許して下さい。金でよかったら金で解決して下さい。

と言ってきました。

私は，女の方から金の話をしてきたので，これは渡りに舟だと思い

俺は金でどうのこうの言っている訳じゃないが，お前が金で解決しようと言うのなら，３０万円で手を打とう。明日までに用意しろ。

と言いました。⑩

【注意事項】

☞⑨　このような脅迫文言を使った理由である。

☞⑩　実務では、被疑者が「被害者が勝手に金の話をしてきただけで、金目的で脅したのではない。」などと弁解することがあるので、注意する必要がある。

すると，女は

そんな金，すぐに用意できません。

と言うので，私は

用意できないなら，それまでだ。旦那と話をするだけだ。

とたたみかけて脅しました。

すると，女は

分かりました。用意します。

と言ったので，私は，脅しに負けてやっと３０万円を払う気になったと思いました。⑪

明日，午後３時すぎに必ず持ってこい。

うそを言ったらただですまんと思え。

と念押ししておきました。

4　約束した翌３日の午後３時ころ，私が喫茶店で待っていると，女がやってきました。

女が黙って銀行の封筒を差し出したので，私は中を覗くと，１万円札が何枚も入っていました。

私は，人目に付くとまずいと思い，枚数を確かめずに封筒ごとポケットに入れました。⑫

【注意事項】

☞⑪　被害者が畏怖の結果金員の交付を約束したとの認識である。
☞⑫　任意に金員の交付を受けた状況である。

女は

もうこれで，勘弁してくれるのですね。

と言うので，私は

約束は守る。

と言って別れました。

喫茶店を出てから封筒の中身を調べてみると，確かに３０万円入っておりました。

5　私は，５月３日に３０万円を脅し取ったときには，これで最後にするつもりでしたが，翌日から競輪に行ったり飲み食いしたりして，１週間くらいで３０万円全部を使ってしまったことから，もう少しあの女から金を脅し取ってやろうと思いました。⑬⑭

そこで，私は，５月１２日，女の携帯電話の留守電に

言い残したことがある。

明日，午後１時に例の喫茶店に来てくれ。

と伝言し，喫茶店で待っていたところを刑事さんに捕まったのです。

6　山川乙子さんには大変申し訳ないことをしたと後悔しています。

現在弁償する金もありませんが，将来働いて必ず返しますから，どうか

【注意事項】

☞⑬　交付を受けた金員の使途先である。できる限り裏付け捜査をしておく必要がある。

☞⑭　再度恐喝しようとした事案であることを明らかにし、悪性を立証する。

御寛大に願います。⑮

甲野太郎 ㊞（指印）

上記のとおり録取して読み聞かせたところ，誤りのないことを申し立て署名指印した。

前　同　日

警視庁○○警察署

司法警察員　巡査部長　○○○○○㊞

【注意事項】

☞⑮　現在の心境及び被害弁償能力についての記載である。

第２項　恐　喝――路上恐喝

① 事案の概要

1　被疑事実の要旨

被疑者は，Ａと共謀の上，通行人から金員を喝取しようと企て，令和○○年６月１７日午後９時ころ，東京都新宿区○番○号先路上において，同所を通行中の山川乙男（当○○年）に対し，「いま，なんぼ持っている。とりあえず見せろや。金出さんかったらどつくぞ」等と語気鋭く申し向けた上，その顔面を数回殴打する暴行を加えて，同人をして生命身体に危害を加えられると畏怖させ，同人から現金約３，８００円入りの財布１個（時価５，０００円相当）を交付させたものである。

2　該当法条

刑法第249条第1項（条文☞P.173参照）

② 取調べるべき事項

前記☞P.174参照。

3　供述調書の書き方

本　籍　○○県○○市○○町○番

住　居　不定

職　業　無職　　　　　　　　　　　電話　　　　局　　　　番

氏　名　甲野太郎

平成○○年○月○日生（○○歳）

上記の者に対する恐喝被疑事件につき，令和○○年○月○日警視庁○○警察署において，本職は，あらかじめ被疑者に対し，自己の意思に反して供述をする必要がない旨を告げて取り調べたところ，任意次のとおり供述した。

1　私は，令和○○年6月１７日の晩，Ａと一緒に，自転車に乗っていた学生風の若い男を呼び止めて，脅したり暴力を振るったりし，現金などの入った財布を脅し取りました。

2　私は，ＡとＡの原動機付自転車に二人乗りして遊んでいました。

その時，私は，所持金もないのでこの原動機付自転車を足に使ってカツアゲをしに行こうという考えが浮かびました。

私の言う所持金①とは，使える金という意味で，このとき，財布の中に５万円ほど入っていましたが，これは，借金の支払いに充てるためにとっておくもので，使える金ではありませんでした。

【注意事項】

☞①　動機の記述である。

使える金は全くなかったので，カツアゲに行こうと思ったわけです。

私の言うカツアゲとは，通行人を脅したり，脅すだけでは金をよこさない場合には暴力を振るって，現金等を奪うことでした。

そしてカツアゲできそうな相手を捜したり，カツアゲした後，現場から素早く逃げるためには足が必要なので，Ａの原動機付自転車を使いＡを運転手にしてカツアゲをしようと思ったのでした。

そこで②，Ａに対し

カツアゲに行こうか

そこら辺に行けば金持ってるやついるんじゃないか

などと言いました。

Ａは，私に

いるんじゃないですか

などと返事をしたので，続けて，Ａに対し

俺，道分からへんから，運転して

などと言いますと，Ａは

いいっすよ

などと言って原動機付自転車の運転席にまたがりました。

Ａは，「カツアゲ」とは何か私に尋ねることもなく，運転席に乗りまし

【注意事項】

☞②　共謀の成立に関する記述であり、具体的に録取する必要がある。

たので，私は，Aは，カツアゲが人を脅したり，暴力を振るったりして金などを奪うことであることを十分承知しており，その上で，私と一緒にカツアゲに行くこと，A自身運転者役になることを承諾したと思いました。

そこで，私は，Aの後ろに乗車し，Aの運転で，○○駅前を出発しました。

Aには，カツアゲした金の中から半分くらいの分け前をやるつもりでいました。

駅前の大通を左折し，しばらく行ったところで，細い道を右折して今回の被害者である若い男が自転車をこいで，私達と同じ進行方向に向かっているのを見つけました。

私は，Aに，男を追い越して少し行ったら止めてくれと言い，Aはそのとおりにしました。

③私は，原動機付自転車を降り，「兄ちゃん，ちょっと止まれや」などと言いながら，若い男の目の前まで歩いて行きました。

若い男は真面目そうな子でした。

私は若い男に対し

今，なんぼ持ってる

財布出して見せてみろや

【注意事項】

☞③　犯行状況に関する記述であり、具体的かつ詳細に録取する必要がある。

などと言いました。

すると，若い男は「ないです」などと金を持っていないようなことを言いましたが，一銭も持っていないはずがなく，持っていないというのは嘘だと思ったので，改めて

とりあえず見せろや

金出さんかったらどつくぞ

などと凄んで言いました。

Ａもそばに来て，若い男に

財布見せろ

などと脅し始めました。

若い男は，なおも私に対し，「ないです」などと繰り返したので，私は，言葉だけでは金を出さないので暴力を振るうしかないと思い，その顔面を利き手の右拳で２回殴りました。

２回とも顔面に当たりました。

3　若い男は④，私が脅したり，殴ったりしたことで，相当怖くなったようで，「許して下さい」等と泣き声で言い，私に逆らうのをやめました。

そこで，私は，若い男の履いていたズボンの右後ろポケットが膨らんでいるのが見えていたので，その中に手を入れて入っていた財布を掴み，私の履いていたスウェットの長ズボンの右前ポケットに入れました。

【注意事項】

☞④　被害者が畏怖している状況を具体的に録取する必要がある。

それから，私たちは原動機付自転車に乗って逃げました。

4　私が⑤，Aが運転する原動機付自転車で現場から○○駅方面に逃げる途中で，若い男から奪った財布の中身を見たところ，千円札が3枚と，小銭が８４０円くらい入っていたので，千円札１枚を抜いてAにやりました。

その後，Aに○○駅方面に送ってもらう途中でガソリンスタンドに立ち寄る前ころに，Aにガソリン代としてもう１，０００円を渡しました。

私の手元に残ったお金は菓子などを買うのに使いました。

甲野太郎 (指印)

上記のとおり録取して読み聞かせたところ，誤りのないことを申し立て署名指印した。

前　同　日

警視庁○○警察署

司法警察員　巡査部長　○○○○○(印)

【注意事項】

☞⑤　喝取金の分配状況及び費消状況に関する記述である。

第11章　盗品等に関する罪

1 事案の概要

1　被疑事実の要旨

被疑者は，令和○○年４月１０日午後１時ころ，東京都新宿区○○１丁目○番○号ホテルＡにおいて，Ｂから，同人が他から窃取してきたパーソナルコンピューター１台他１点(時価○○○○円相当)の入質方を依頼され，それが盗品であることを知りながら，同日午後２時ころ，同都新宿区○○２丁目○番○号○○質店において，これを同店に２万５，０００円で入質し，もって盗品の有償処分のあっせんをしたものである。

2　該当法条

刑法256条第2項

（盗品譲受け等）

第256条　盗品その他財産に対する罪に当たる行為によって領得された物を無償で譲り受けた者は、3年以下の懲役に処する。

2　前項に規定する物を運搬し、保管し、若しくは有償で譲り受け、又はその有償の処分のあっせんをした者は、10年以下の懲役及び50万円以下の罰金に処する。

（親族等の間の犯罪に関する特例）

第257条　配偶者との間又は直系血族、同居の親族若しくはこれらの者の配偶者との間で前条の罪を犯した者は、その刑を免除する。

2　前項の規定は、親族でない共犯については、適用しない。

2　取調べるべき事項

1　犯行に至る経緯、常習性

同種余罪及びそれにより得た利益を明らかにすることは、被疑者の常習性を立証する上で重要である。

2　依頼者との関係、特に親族関係の有無

「依頼者との関係」は、依頼者が親族である場合、刑の免除事由となるため（刑法257条）、必要不可欠の聴取事項となる。

また、その他**「依頼者との関係」**は、被疑者の常習性等に関連する上、後日、被疑者供述に基づき依頼者を検挙するに際しては、被疑者供述の信用性が問題となるため、その信用性判断の基準としても必要となる。

3　犯行状況

(1)　盗品であることの認識について

この中で、最も重要となるのが、**「盗品等であることの認識」**であり、捜査段階で自白していても、公判で否認に転ずることがしばしばある。

そのため、「盗品等であることの認識」については、特に入念に調書化しておく必要がある。

たとえば、単に、

「私は、盗まれた〇〇の質入れをあっせんしました」

というのでは、後に、質入れしたことは事実だが、そのとき盗品等であることまでは知らなかった旨の否認を許すことになるため、

「私は、○○が盗まれたものだと知りながら、質入れをあっせんしました」

などと「盗品等の認識」を有していたことを明記しておく必要がある。

そして、「盗品等であることを認識」した具体的な根拠まで含めて調書化しておくことが必要であり、また、調書の中で、折に触れて、被疑者が「盗品等であることの認識」を有していたことを明らかにしておく必要がある。

(2) 盗品等に関する罪全般について

いずれにおいても、盗品等であることの認識の重要性については異なるところがない。

そのため、以下、盗品等であることの認識以外の取調べ事項について記載する。

〈盗品等無償譲受け罪〉

① 持ちかけられた日時、場所、会話その他状況

② 故意の発生

③ 譲受けの日時、場所、会話その他状況

④ その際、対価として、金員のほか品物等を交付しなかったこと

〈盗品等運搬罪〉

① 運搬依頼を受けた日時、場所、会話その他状況

② 故意の発生

③ 運搬を開始した日時、場所、盗品等の梱包状況

④ 運搬経路、その際梱包状況等に変更があれば変更状況

⑤ 運搬を終了したきっかけ、日時、場所その他状況

〈盗品等保管罪〉

① 保管依頼を受けた日時、場所、会話その他状況

② 故意の発生

③ 保管を開始した日時、場所、盗品等の梱包状況

④ その後保管態様に変更があれば、その変更状況

⑤ 保管を終了したきっかけ、日時、場所その他状況

〈盗品等有償譲受け罪〉

① 持ちかけられた日時、場所、会話その他状況

② 故意の発生

③ 譲受けの日時、場所、会話その他状況

④ その際、対価として、金員のほか品物等を交付したこと

〈盗品等有償処分あっせん罪〉

① あっせん依頼を受けた日時、場所、会話その他状況

② 故意の発生

③ 有償処分をした日時、場所その他状況

4　犯行後の状況等

盗品等に関する罪をしたこと等により得た利益の有無、その利益の費消先、犯行後の依頼者との関係

5　その他

組織的犯行事案においては、被疑者が組織に荷担した経緯、各構成員の役割分担及び利益分配等についての取り決め、各構成員が各役割を果たしていることについての根拠事実及び各人が得た利益、各構成員と被疑者との関係、同種余罪の内容等が必要となる。

3 供述調書の書き方

本　籍　○○県○○市○丁目○番○号

住　居

職　業　　　　　　　　　　　　　　　電話　　　　局　　　　番

氏　名　甲野花子

平成○○年○月○○日生（○○歳）

上記の者に対する盗品等処分あっせん被疑事件につき，令和○○年○月○○日警視庁○○警察署において，本職は，あらかじめ被疑者に対し，自己の意思に反して供述をする必要がない旨を告げて取り調べたところ，任意次のとおり供述した。

1　私には，窃盗，覚せい剤取締法違反などの前科が全部で６犯あります。

2　私は①，今年の４月１０日の午後２時ころ，今年の４月５日から，新宿区○○にあったホテルＡで一緒に生活していた

　　Ｂさん

から頼まれて，パーソナルコンピューター１台と携帯電話１台を，新宿区○○にあった，

　　○○質店

に，２万5,０００円で質入れしました。

私は，Ｂさんから頼まれて，○○質店に質入れしたパーソナルコン

【注意事項】

☞①　被疑者が犯罪事実について自白していることを明らかにする。

ピューターなどは，Ｂさんがどこからか盗んできた品物だということは分かっておりました②。

　それというのは私は，今年の２月の初めごろ，居候させてもらっている新宿区内の

　　　△△さん　○○歳くらい

の家で，Ｂさんから

　　　俺は泥棒して生活している

ということを聞いていたり，そのコンピューターなどを質入れする前に，明らかに盗んできたものとわかる中古品の女性ものの腕時計１個と，指輪１個をもらったりしていたので，Ｂさんは本当に泥棒しているのだなと思っていたからです。

　Ｂさんは，去年の９月ころから，△△さんの家に居候していたと言っておりました。

　したがって，③私は私が○○質店に入質したパーソナルコンピューターなどはＢさんが盗んできたものであることは，良く分かっておりましたが，

【注意事項】

☞②　被疑者が盗品等であることの認識を有すること、そして、その根拠として、依頼者から聞いた内容及び盗品の現認をしたことを具体的に記載する必要がある。

☞③　依頼者から依頼を受けた状況、故意の発生時期であり、その故意発生の理由について明記する必要がある。

　その際、違法性の認識を併せて記載することにより、改めて盗品等であることの認識を明らかにすべきである。

そのころ私とＢさんは，２人でホテル生活をしていて，Ｂさんが私に

ホテル代がないから，これを質屋に入れてホテル代を払うから，一緒に行って質屋に入れてくれないか

などと言われたので，私としてもＢさんにはおんぶにだっこでお世話になっていたし，私には国民健康保険証がありましたので，悪いこととは知りながら，やむを得ないと思って，私はＢさんから頼まれてＢさんが盗んできたものと知りながらパーソナルコンピューターなどを，質店に私の国民健康保険証を使って，私の名前で入質することを承諾しました。

Ｂさんから，このパーソナルコンピューターなどを入質するように依頼されたのは，当時宿泊していたホテルＡです。

時間は，４月１０日の午後１時ころでした。

そして，私は，その日の午後２時ころ，○○質店に行ってパーソナルコンピューター１台とスマホ１台を私の名前で入質しました。

その時私はＢさんから，その入質したお金の中から７，０００円④をもらいました。

３　私は，このほかにも⑤Ｂさんから頼まれて，Ｂさんが盗んできた品物と知りながら，１回は質屋さんに，１回はディスカウントショップに売却して

【注意事項】

☞④　本件犯行により得た利益について明らかにしている。

☞⑤　同種余罪及びその際得た利益について録取し、常習性を明らかにしている。

おります。

質屋さんには，今年の４月１５日ごろ，グッチの女性ものの腕時計を，新宿区○○にあった○○質店に私の名前で２万円で，入質しました。

その時には，Ｂさんから１万円もらいました。

ディスカウントショップには，今年の４月２０日ころ，ヴィトンの女性ものの手提げバックを，新宿区歌舞伎町にあったディスカウントショップに３万3,０００円で売却処分しました。

その時は，はっきり覚えておりませんが，１万5,０００円位をＢさんから貰ったと思います。

4　それから私は，Ｂさんからパーソナルコンピューターなど入質した後，グッチの腕時計を入質する間に，

指輪３個

女性ものの腕時計３個

プチネックレス１本

をＢさんが盗んできたものと知りながら，Ｂさんからタダで貰いました。

その指輪２個と腕時計１個は友達にあげて，腕時計１個はデートクラブの店長に１万円で預け，指輪１個と腕時計１個とプチネックレス１本は今回捕まった後に警察に提出しました。

それから私は今年の４月２０日ごろ，Ｂさんに頼まれて，ヴィトンの女性ものの手提げバックを，ディスカウントショップに売却した時に，

女性もののボストンバッグ１個

女性ものの腕時計１個

をＢさんが盗んできたものと知りながら，Ｂさんからタダで貰いました。

その腕時計は，警察に提出してありますが，バックは現在も私が使用しております。

甲野花子 (指印)

以上のとおり録取して読み聞かせたところ，誤りのないことを申し立て署名指印した。

前 同 日

警視庁○○警察署

司法警察員 巡査部長 ○○○○○(印)

第12章　器物損壊

1　事案の概要

1　被疑事実の要旨

被疑者は，令和〇〇年〇月〇日午前〇〇時ころ，東京都荒川区〇〇丁目〇番食堂「△△」前路上において，同所に設置された山川乙男所有のプラスチック製立看板（時価約１０万円相当）を足蹴りにして路上に倒した上，靴履きのまま踏みつけて破壊し，もって他人の物を損壊したものである。

2　該当法条

刑法第261条

（器物損壊等）

第261条　前3条に規定するもののほか、他人の物を損壊し、又は傷害した者は、3年以下の懲役又は30万円以下の罰金若しくは科料に処する。

（自己の物の損壊等）

第262条　自己の物であっても、差押えを受け、物権を負担し、又は賃貸したものを損壊し、又は傷害したときは、前3条の例による。

（親告罪）

第264条　第259条、第261条及び前条の罪は、告訴がなければ公訴を提起することができない。

※参考

（公用文書等毀棄）

第258条　公務所の用に供する文書又は電磁的記録を毀棄した者は、3月以上7年以下の懲役に処する。

（私用文書等毀棄）

第259条　権利又は義務に関する他人の文書又は電磁的記録を毀棄した者は、5年以下の懲役に処する。

（建造物等損壊及び同致死傷）

第260条　他人の建造物又は艦船を損壊した者は、5年以下の懲役に処する。よって人を死傷させた者は、傷害の罪と比較して、重い刑により処断する。

2　取調べるべき事項

本罪は、258条ないし260条所定の物以外の他人の物（これらを総称して「**器物**」という）を損壊・傷害することにより成立し、「**親告罪**」である。

「**客体**」は、公用文書・権利義務に関する文書・建造物・艦船以外の他人の物であり、財産権の対象となるものであればよく、動産・(建造物以外の）不動産を問わず、動産には動物も含まれる。

自己所有の物でも、差押を受けていたり、担保に入れていたり、賃貸している場合には、他人の物として扱われる（262条)。

また、本罪は、「**親告罪**」であり、そのものの所有者のほか、賃借中の物が損壊されたときの賃借権者や、その他正当な権限に基づいてその物を管理する者にも告訴権があると解されているから（最判昭45・12・22刑集24・13・1862)、告訴人等の取り調べに際しては、客体の権利関係や、占有・管理状況などの告訴権の有無に関する事項についても正確な供述を得るとともに、裏付け捜査を尽くす必要がある。

「**損壊**」は、動物以外の物の毀棄、「**傷害**」は、動物の毀棄をいい、いずれも物理的な破壊にとどまらず、その物の効用を害する一切の行為をいう。

家屋建築のため地ならしした敷地を起こして畑にする行為、食器への放尿、高校の校庭に立札を掲げ、杭を打ち込んで板付けして保健体育の授業に支障を生じさせる行為、政党の演説用ポスターに「人殺し」と書いたシールを貼り付ける行為なども「**毀棄**」にあたる。

また、動物を殺傷することはもとより、他人の飼育する魚を養魚池以外に流出させて容易に捕らえられない状態にする行為なども「**傷害**」にあたる。このように、本罪は、物を再び本来の用に供することが不可能ないし困難にする行為を処罰するものであるから、「損壊」又は「傷害」の状況とこれによって生じた結果をそれぞれ具体的に録取する必要がある。

なお、不法領得が認められる毀棄（たとえば、他人所有の雨戸を外してその一部を損壊した後、自分の家に持ち帰って自分の家の雨戸として利用する行為）は窃盗罪（第6章☞P.72参照）となるから、不法領得の意思の有無についても、忘れないで聴取しておく必要がある。

1　動機、犯行に至る経緯

2　客体（他人の器物）

①　所有者、占有者又は管理者に関する認識及びこれらの者との関係、面識

②　器物の種類及び形状、その所有、占有及び管理状況に関する認識

3　損壊又は傷害

①　損壊又は傷害の具体的な手段、方法

②　凶器等を使用している場合には、これらを使用した理由、準備状況

③　結果（損壊及び損害の状況）に対する認識

4　告訴の有無

3 供述調書の書き方

本　籍　○○県○○市○丁目○番○号

住　居　不定

職　業　無職　　　　　　　　　　電話　　　　局　　　　番

氏　名　甲野太郎

昭和○○年○月○日生（○○歳）

上記の者に対する器物損壊被疑事件につき，令和○○年○月○日○○警察署において，本職は，あらかじめ被疑者に対し，自己の意思に反して供述をする必要がない旨を告げて取り調べたところ，任意次のとおり供述した。

1　私は，約1年前から東京都荒川区南千住の簡易宿泊所に住み，日雇いの仕事をしています。

私は，本日，荒川区日暮里駅近くの食堂の前の路上に出ていた看板をわざと蹴ったり，踏みつけたりして壊し，告訴されましたので，そのときの状況について話します。①

2　私は，②昨日午後6時ころ，仕事を終えて日当８,０００円をもらい，そのまま日暮里駅近くのパチンコ屋に行き，しばらくパチンコをして遊んだ後，午後１０時ころから，駅近くの立ち飲み屋で，つまみは頼まずにコッ

【注意事項】

☞①「器物損壊事件を起こしました。」などといった抽象的な記述ではなく、犯意を明らかにした上、具体的に記載すべきである。

☞②　犯行直前の行動である。

プ酒を２杯飲みました。

そして，ほろ酔い加減になったところで，女の人が居るところで飲み直そうと思い，午後１１時ころ，立ち飲み屋を出て，その近くにある前に一度飲みに行ったことがある「○○」というスナックに行きました。

私は，その店で，ママさんらしい３０歳くらいの女の人と話をしながら，漬け物をつまみにビール中瓶５本位と酒をコップに２杯位飲みました。

私は，日ごろビール１～２本と酒２合くらいが適量で，昨日の夕方から飲んだ量はかなり多量でしたから③，途中で酔っぱらってしまって店の中で寝てしまい，ママさんから

もう看板です

と言われて起こされ，確か代金６,０００円位を支払って店を出ました。

酔っぱらっていて店を出た時間まではっきり覚えていませんが，日付は今日に変わっていたと思います。

3　私は，店を出て，簡易宿泊所まで帰ろうと思い，南千住の方に向かって歩き出し，そのときは何という町の何丁目かはわからなかったのですが，道路を歩いているとき，食堂のような店の前の道路上に立看板が置いてあって，私は，酔ってその看板にぶつかり，転んでしまいました。

【注意事項】

☞③　被疑者の酒量である。犯意及び責任能力の有無を判断する上で重要な要素であるから、具体的な供述を心がけるべきである。

その看板には，何が書いてあったか覚えておりませんが，看板の大きさは

横幅３０センチメートルくらい

高さ１メートルくらい

で，プラスチックでできたものでした。④

私は，店の前に置いてあったので，たぶんその店の看板だろうと思いましたが⑤

この野郎。天下の公道に看板なんか置きやがって⑥

と思うと腹が立ち，その看板を思いっきり足で蹴ってやると，看板が路上に倒れました。

私は，それでも気がおさまらないので，倒れた看板を革靴履きのまま２～３回踏みつけてやると，看板はバリバリという音を立てて壊れました。⑦

4　私がこのように看板を壊しているとき，５０歳くらいの男の人が店から出てきて

何をしているんだ。

と言うので，私は

天下の公道を勝手に使うな。

【注意事項】

☞④　被疑者が認識した被害物件の形態と大きさについての認識である。

☞⑤　客体が他人所有の物であることの認識及びそう思った根拠を録取すべきである。

☞⑥　犯行の動機である。

☞⑦　犯行の状況及び結果に関する記載である。

と言うと，その男の人は

　　　他人の看板を壊しておいて，警察を呼ぶぞ。

と言ったので，私は

　　　おまえの方が悪い。呼ぶなら呼べ。

と答えました。

　その後，何を言ったかよく覚えていませんが，その男の人と口論をしておりましたら，２，３人の男が出てきて私を羽交い締めにしたため，私はその場から逃げられなくなり，そのうちにパトカーがやってきて捕まってしまったのです。

５　私は，立て看板を壊したときに相当酒に酔っていましたが，今申し上げた程度のことは覚えています。⑧

６　今朝，事件を起こした現場まで刑事さんと一緒に行って，私が看板を壊した場所が

　　　東京都荒川区〇〇丁目〇〇番

　　　食堂「△△」

の前の路上で，壊した立看板はその食堂が路上に置いてあったものであることがわかりました。⑨

【注意事項】

☞⑧　再度記憶についての確認をしたもので、「酔っていて覚えていない」といった弁解を封じることにもなる。

☞⑨　記憶喚起のために現場に連行した結果の記載である。

また，そのとき，私が立看板を壊しているときに口論となった男の人が立看板の持ち主で，食堂の主人の

山川乙男

という人であることを教えてもらいました。

山川さんは，壊れた立看板の枠を指さしながら

この看板は１０万円したんだ

と言いました。

私は，本当にそんなに高いものかどうか判りませんが，私が壊したのですから，そう言われても仕方ないと思っています。

7　私は，酒を飲むと気が荒くなり，人と喧嘩をしたり物を壊したりする癖がありますので，あのときも，その悪い癖が出たと自分で思いながら，腹立ち紛れにやってしまったのです。[⑩]

8　すぐに弁償する金はありませんが，働いて必ず弁償しますから，御寛大に願います。

看板の持ち主の山川さんと私とは全くの他人であり，申し訳ないことをしたと思っています。[⑪]

【注意事項】

☞⑩　酔っぱらって不注意により立看板にぶつかったもので、故意にしたものではないという弁解を封じるため、特に再三にわたり、違った角度から念を押したものである。

☞⑪　被害弁償能力のないこと及び被害者とは身分関係のないことの記載である。

甲野太郎 ㊞(指印)

上記のとおり録取して読み聞かせたところ，誤りのないことを申し立て署名指印した。

前　同　日

警視庁○○警察署

司法警察員　巡査部長　○○○○○㊞

〈著者について〉

小黒和明（おぐろかずあき）
昭和53年検事任官
最高検察庁検事等をへて
公証人

高瀬一嘉（たかせかずよし）
昭和62年検事任官
大分地方検察庁検事正等をへて
現在公証人

佐藤光代（さとうみつよ）
平成2年検事任官
松江地方検察庁検事正等をへて
現在公証人

佐藤美由紀（さとうみゆき）
平成2年検事任官
盛岡地方検察庁検事正等をへて
現在仙台高等検察庁次席検事

－改訂版－供述調書作成の実務　刑法犯
平成15年 6月 6日　初版発行
令和 2年 2月10日　改訂版1刷発行
令和 6年 1月28日　改訂版6刷発行

著　者　小黒和明・高瀬一嘉・佐藤光代・佐藤美由紀
発行者　網谷玲彦
発行所　株式会社 実務法規
住　所　東京都中野区上高田３－８－１
電　話　０３－３３１９－０１８０
ＦＡＸ　０３－３３１９－７０５６
振　替　００１５０－０－６６３０２５
ＵＲＬ　http://net-kindai.com/
印　刷　株式会社 啓文堂

検印省略

ISBN978-4-86088-028-6 C3032

●落丁・乱丁は、送料当社負担にてお取り替えいたします。

図書のご案内

犯罪事実記載の実務（刑法犯）7訂版　末永秀夫・絹川信博・坂井靖・大仲土和・長野哲生・室井和弘・中村芳生 共著

犯罪事実記載の実務（特別法犯）4訂版　荒川洋二・丸谷日出男・日野正晴・大仲土和・加藤敏員 共著

供述調書作成の実務（刑法犯）改訂版　小黒和明・高瀬一嘉・佐藤光代・佐藤美由紀 共著

供述調書作成の実務（特別法犯Ⅰ）改訂版　森山英一・井内顕策・水野美鈴・山上秀明・中村孝 共著

供述調書作成の実務（特別法犯Ⅱ）改訂版　森山英一・井内顕策・水野美鈴・山上秀明・中村孝 共著

軽犯罪法（実務に役立つ判例百選）4訂版　日野正晴 著

刑法概説 9訂版 〜実務家のための〜　河村博 著

Q&Aでわかる外国人犯罪捜査（捜査実務編）　萬羽ゆり 著

Q&Aでわかる外国人犯罪捜査（捜査手続編）　宇井稔・萬羽ゆり 共著

公選法上の連座訴訟の解説 〜裁判例の概観〜　野々上尚 編著

検証調書実況見分調書の書き方 3訂版　石井春水・田村達美・隈井光・渋谷勇治・高瀬一嘉 共著